カンタンなのになぜか伝わる

こあら式 英語の

フレーズ

図鑑

 こあらの学校

@Koa

## はじめに

　「心から謝りたいのに "I'm sorry." しか出てこない。本当にお詫びしたい気持ちはあるんだけど、なんか物足りない気がする…」
　「"I don't know." って、なんかぶっきらぼうな気がするけど、何て言うのが正解？　失礼な言い方になってないか心配だな…」

　英語を勉強している人なら、誰しもが直面する課題ですよね。日本語なら時と場合によって「ごめんね」「すみません」「申し訳ございません」のようにいろんな言い回しができるのに、英語だといつも教科書に載っていた言い回しばかり使ってしまって、なかなか本当の気持ちが伝えられない。そんなもどかしい想いをしたことがある人は多いと思います。

　実は僕も、そんなもどかしい想いをしたことのある日本人の一人です。外国人なんてテレビでしか見たことがないような典型的な田舎者だった僕は、元々英語なんて一言も話せませんでした。20歳で初めて海外に行ったときには、どんなにゆっくり話してもらっても聞き取ることすらできなくて、愛想笑いしかできなかったことを今でも鮮明に覚えています。悔しかったな…。

　でも僕は絶対に英語が話せるようになりたくて、それから必死に勉強しました。そして今ではオーストラリアの会社でネイティブたちに囲まれて働いています。毎日の会議や商談はもちろん英語だし、時にはオーストラリア人のプレゼンに英語でアドバイスをしたり、彼らが書いた英語の文章を添削したりすることだってあります。これまで悔しい想いも恥ずかしい想いも数えきれないほどしたけど、今では英語を使って働くのが本当に楽しいです。

　そんな僕が初めて「英語って楽しい！」って思えたのは、留学中にできた

カナダ人の友達とのやりとりでした。彼が僕との待ち合わせに少し遅刻したとき、「My bad!（すまん！）」というフレーズを使っていたんです。謝罪のフレーズなんて「I'm sorry.」しか知らなかった僕は、「カジュアルな場面だとそんな簡単な言い方ができるんだ！」と目から鱗でした。後日、彼に対して「My bad.」を使ってみたら、なんだか一気に心の距離が縮まった気がして、とても嬉しかったことを覚えています。その日から僕は、教科書に載っていた定型フレーズを、少しずつ少しずつ、ネイティブが使うフレーズに置き換えていきました。すると、周りのネイティブたちも少しずつ心を開いてくれるようになって、英語を話すのがどんどん楽しくなっていったんです。

　だから皆さんにもこの楽しさを感じてほしくて、この本を作りました。工夫したことは2つ。

　1つ目は、実践で本当に使えるフレーズだけに厳選すること。そのために今回は僕だけではなく、何人ものネイティブの意見をもらいながらみんなでフレーズを選びました。そのおかげでこの本には、ネイティブが本当に使っているフレーズしか載っていません。しかも、会話での使いやすさを追求するために、極力簡単な単語を使ったシンプルなフレーズだけに絞り込みました。

　2つ目は、ニュアンスを視覚的に表現すること。語学書によくある長い説明や難しい用語は、思い切って全部カット。文章を読まなくてもパッと見ただけで直観的にニュアンスがつかめるように、イラストや図解だけで表現しました。そのおかげで、状況や気持ちにぴったりな一言を瞬時に選ぶことが可能になっています。これがこの本の最大の特徴です。

　この2つを意識して、英語が苦手な人の気持ちに徹底的に寄り添うことにこだわって作った本。たくさんの人の力を借りながら、心を込めて一生懸命作った結果、昔の僕に一番プレゼントしたい本になりました。

　みんなにも、英語の楽しさが伝わるといいな。

こあらの学校校長　こあたん

# Contents

# 第6章 答える・反応する ……………… 168

［Staff］
デザイン：chichols　イラスト：kicori
英文監修：Brooke Lathram-Abe、佐伯葉子、田中翠
ナレーション：Erika Masui　録音：ELEC　編集協力：宮本香菜　校正：鷗来堂
DTP：Office STRADA / 城﨑尉成（思机舎）　素材：PIXTA

## 音声ダウンロードについて

本書に掲載されているフレーズをネイティブが読み上げた音声を聴くことができます。記載されている注意事項をご確認いただき、内容に同意いただける場合のみご利用ください。

### ❶音声をダウンロードして聴く方法

**https://kdq.jp/2VnB5**

ユーザー名 **KoalaEnglish**   パスワード **@KoalaPhr01**

上記の URL へアクセスいただくと、mp3 形式の音声データをダウンロードできます。
「特典音声のダウンロードはこちら」という一文をクリックして、ユーザー名とパスワードをご入力のうえダウンロードし、ご利用ください。

- ●ダウンロードはパソコンからのみとなります。携帯電話・スマートフォンからのダウンロードはできません。
- ●音声は mp3 形式で保存されています。お聴きいただくには、mp3 ファイルを再生できる環境が必要です。
- ●ダウンロードページへのアクセスがうまくいかない場合は、お使いのブラウザが最新であるかどうかご確認ください。また、ダウンロードする前に、パソコンに十分な空き容量があることをご確認ください。
- ●フォルダは圧縮されていますので、解凍したうえでご利用ください。
- ●音声はパソコンでの再生を推奨します。一部ポータブルプレイヤーにデータを転送できない場合もございます。スマートフォンで再生する場合は専用のアプリ等が必要になる場合があります。
- ●本ダウンロードデータを私的使用範囲外で複製、または第三者に譲渡・販売・再配布する行為は固く禁止されております。
- ●なお、本サービスは予告なく終了する場合がございます。あらかじめご了承ください。

### ❷スマートフォンのアプリを利用して音声を聴く方法

Abceed アプリ（無料）　Android・iPhone 対応

**https://www.abceed.com/**

- ●ご利用の場合は、QR コードまたは URL より、スマートフォンにアプリをダウンロードし、本書（『こあら式 英語のフレーズ図鑑』）を検索してください。
- ●ご使用の機種によっては、ご利用いただけない可能性もございます。あらかじめご了承ください。
- ＊ abceed は株式会社 Globee の商品です（2023 年 10 月現在）。

**本書について**
本書は場面ごとに項目を分け、英語フレーズをネイティブの捉え方に基づいてグループ分けしたり、ニュアンスごとに並べたりしています。
あくまで一般的な使用参考例として紹介していますので、その時の状況や会話時の声の大きさ、強さ、口調などによって伝わり方やニュアンス、解釈は変わる場合もあります。
また各項目の配置やイラストは分かりやすさや理解の助けのためのイメージであり、項目ごとに完結しています。本書全体を通して同じ服装のイラストの意味は必ずしも同じわけではありません。

# 英会話のお悩みを
# この1冊でまるっと解決!

いつも同じフレーズ
ばっかり…

英語フレーズを MAP化!

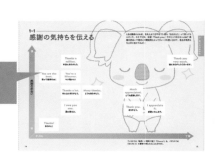

↳ バリエーションが
増える!

ちょうどいい
表現がわからない!!

気持ちや状況を
程度別で並べて表現。

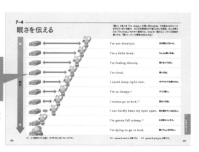

↳ 「これが伝えたかった」が
一目でわかる!

難しいフレーズは
覚えられない…

ネイティブが使っている
簡単なフレーズを厳選。

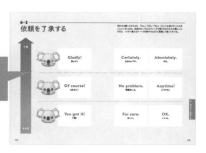

↳ すぐ話せる一言が
たくさん!

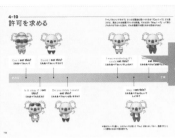

相手を不快に
させないか心配…

タメ口から丁寧な表現まで
フレーズをグラデーションで配置。

↘ 相手を不快にさせない
フレーズが選べる！

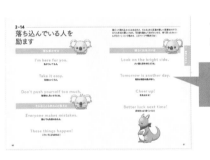

今ぴったりな言葉が
欲しい…

シチュエーション別に
フレーズを図示。

↘ 今必要な言葉が
すぐ見つかる！

ネイティブに伝わる発音が
できるか不安…

音声がダウンロードできるから、
真似して言えばOK。

勉強するのが苦手…

かわいいキャラクターと
たっぷりのイラストで
眺めるだけで楽しい！

登場キャラクター

**るーたん**
カンガルーの女の子

**こあたん**
コアラの男の子

# 第1章

# あいさつをする

日本語と英語のあいさつには、明確な違いがあるよ。それは、日本語のあいさつは『事実描写』、英語のあいさつは『お祈り』ってこと。例えば「おはよう」は「今日もお早いですね」という事実描写から転じたものだね。一方、「おはよう」は英語で Good morning. だけど、これは直訳すると「良い朝」っていう意味だよね。実はこれ、「I wish you a good morning.（あなたに良い朝が訪れますように）」っていうお祈りが本来の形なんだ。あいさつひとつとってみても、日本語と英語ではそもそもの発想が違うんだね！

## 1-1
# 感謝の気持ちを伝える

**強**

感謝の度合い

**Thanks a million.**
本当にありがとう。

**You are the best.**
君って最高だね！

**You're a lifesaver.**
マジ助かる！

**Thanks a lot.**
ほんとにありがとう。

**Many thanks.**
どうもありがとう。

**I owe you one.**
恩に着るよ。

**Thanks!**
ありがと！

**弱**

タメ口

とある調査によれば、日本人は1日平均7.5回も「ありがとう」って言ってるんだって。その7.5回、全部「Thank you.」だけじゃつまらないよね? 感謝の度合いや相手との関係性によってフレーズを使い分けて、自分の気持ちを上手に伝えてみよう!

**Thank you very much.**
誠にありがとうございます。

**Much appreciated.**
とても感謝します。

**Thank you.**
ありがとう。

**I appreciate it.**
感謝いたします。

丁寧 ▶

アメリカでは「乾杯」の意味で使う「Cheers!」は、イギリスでは「ありがとう」の意味で使われることもあります。

# 「ありがとう」に返事をする

**No worries.**
気にしないで。

**Of course!**
もちろん！

**You bet.**[1]
もちろんだよ！

**Sure thing!**
もちろん、いいよ！

**Anytime.**
いつでも言って。

**Certainly!**
当然だよ！

**No sweat.**[2]
お安いご用だよ。

**No problem.**
たいしたことないよ。

タメ口

[1] bet は「賭ける」という意味なので、「賭けてもいいくらい当たり前！」というニュアンスです。

[2] 「全然、汗をかいていないよ」が直訳で「汗をかくほどのことでもないよ」というニュアンスです。

学校では「"Thank you." と言われたら "You are welcome."」と習うことも多いけど、もちろんネイティブは時と場合によっていろいろなフレーズを使い分けてるよ。友人同士で使えるカジュアルなフレーズも覚えておくと便利だね！

**You are welcome.**
どういたしまして。

**I should be the one thanking you.**
お礼を言うのはこちらです。

**Don't mention it.**
とんでもないです。

**Thank YOU.**[4]
こちらこそありがとうございます。

**Don't worry about it.**
気にしないでください。

**My pleasure.**[5]
お役に立てて嬉しいです。

**Not at all.**[3]
まったくかまいません。

**You are most welcome!**[6]
どういたしまして！

丁寧 →

*3 「全然平気です」と謙遜した表現です。
*4 「私こそ（あなたに）ありがとう」というニュアンスを込めて YOU を強調して言います。
*5 レストランの店員などが使う、丁寧で上品なフレーズです。
*6 「You are welcome.」を強調にした表現です。

# 謝罪の気持ちを伝える

強

謝罪の度合い

弱

I'm sorry.
ごめんなさい。

My bad.
すまん。

Sorry.
ごめん。

タメ口

「ごめん！」「すみません」「申し訳ございません」… 日本語なら場面や相手との関係性によっていろんなフレーズを使っているのに、英語だとついつい「I'm sorry.」ばかり使っちゃってない？ きちんと謝罪の気持ちを伝えられると一目置かれるかもしれないよ。

**Please accept my deepest apologies.\***
心よりお詫び申し上げます。

**I'm so sorry.**
本当にごめんなさい。

**Please forgive me.**
お許しください。

**Please accept my apologies.\***
お詫び申し上げます。

丁寧 ▶

＊特定の一件について謝る場合は apologies の代わりに apology を使うこともあります。

# 「ごめんなさい」に返事をする

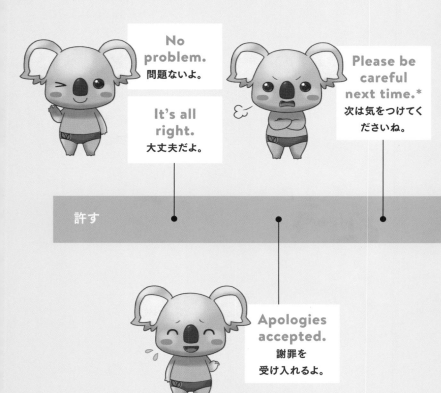

**No problem.**
問題ないよ。

**It's all right.**
大丈夫だよ。

**Please be careful next time.***
次は気をつけてくださいね。

許す

**Apologies accepted.**
謝罪を受け入れるよ。

＊Please をとって「Be careful next time.」と言うと「次は気をつけて」
　と少し強めの表現になります。

「『ごめんね』と言われたら仲直りしようね」という日本の教育とは違って、欧米では自分の意見をきちんと主張することが求められるんだって。許せないことは許せないって、しっかり自分の意思を表明する練習をしておいた方がよさそうだね。

**I'll never forgive you!**
絶対に許さない！

**I'm done.**
もうやってられない。

許さない

**How dare you!**
よくもまあ、そんなひどいことを！

**What's the matter
with you?**
どうかしてるんじゃない？

# 出会ったときに
# あいさつをする

## 友達向け

### Hi!
やあ!

### Hey!
やあ!

Hi! より親しげな印象になります。

### Yo!
よう!

### Hey there!
やっほー!

### Hey dude!
よっ!

dude は guy と同じ意味の言葉で男性を表すため、基本的には男性に対して使うフレーズです。仲良しの女の子同士で使うこともありますが、女性同士であれば「Hey girl!」などの方が一般的です。

### What's up?
最近どう?

「最近どう?」にあたるフレーズは他にもいくつかあり、24・28 ページで紹介しています。

### Hiya!
やあ!

ご機嫌な感じが伝わる言い方です。

あいさつが人間関係の基本であることは日本も海外も同じ。まずは明るく元気にあいさつをしてコミュニケーションのきっかけ作りをしよう！これらのフレーズに加えて「相手の名前を呼ぶこと」を意識すると、心の距離が一気に縮まるからオススメだよ！

## 少し丁寧

### Hi.
**こんにちは。**

Hello よりややカジュアルで、落ち着いたトーンで言うと少しフォーマルな場面でも使えます。

### How are you?
**元気？ / お元気ですか？**

「元気ですか？」にあたるフレーズは他にもいくつかあり、24・28ページで紹介しています。

### Hello.
**こんにちは。**

### Good morning.
**おはよう。 / おはようございます。**

### Good evening.
**こんばんは。**

レストランに入った際に店員がお客さんに言ったり、スピーチで使ったりするような少しお堅いフレーズで、日常的にはあまり使われません。

### Good day.
**ごきげんよう。**

オーストラリアではカジュアルな場面で使います。このフレーズを短縮した上で友達という意味の mate を付けて、「G'day mate.」という形でよく使われます。

# 「元気?」と尋ねる（How 編）

**How are ya?**
調子どうよ？

**How are you?**
元気ですか？

タメ口

**How's it going?**
元気？

「元気?」と尋ねるフレーズには、How で始まるものと What で始まるものの 2 通りがあるよ。まずはみんながよく知ってる How で始まるフレーズから。「How are you?」以外にもいろいろあって、どれもネイティブがよく使うフレーズだから覚えておいてね。

## How are you doing?
**いかがお過ごしですか?**

丁寧

## How is everything?
**調子はいかがですか?**

久しぶりに会った相手に対しては「How have you been? (お元気でしたか?)」が使えます。

# 1-7
# 「元気?」に答える（How編）

**I'm OK.**
まあまあです。

**I'm good.**
元気です。

ふつう

**Not too bad.**
悪くないですよ。

質問によって答え方が変わりますが、ここで紹介しているのは「How are you?」と聞かれたときの答え方です。

「How are you?」って実はあいさつの代わりで、本当に相手が元気かどうか知りたいわけではないんだ。だからあんまり真剣に自分の体調について答えなくてOK。日本で言うと「儲かりまっか?」と聞かれたら「ぼちぼちでんな」って答えるけど、それと同じだね!

## I'm doing really well.
**最高です。**

元気

## I'm great.
**とても元気です。**

親しい仲なら

Super! 最高!

Awesome! すごくいいよ!

# 「元気?」と尋ねる（What編）

### What's up?
**最近どうよ?**

さらに短縮して「Sup?」とも言います。

頻繁に会う

### What's going on?
**最近どんな感じ?**

次は What で始まる「元気?」の聞き方。こっちはあまり馴染みのない人も多いかもしれないけど、カジュアルな場では本当によく使われるよ。初めて聞くと何を質問されているか分からない人も多いから、ここでしっかり覚えておくのがオススメ!

## What's new?
**何か変わったことあった?**

あまり会わない

## What have you been up to?
**最近どうしてた?**

## 1-9

# 「元気?」に答える（What編）

### いつもどおり

## Just the usual.
いつもどおりだよ。

## Same old, same old.
変わらずだよー！

Same old thing.の略です。

## Not too much.
変わったことはないよ。

## Not all that much.
変わりないよ。

How で始まる質問は状態を聞かれているので「元気だよ」のように返すけど、What で始まる質問は「何?」を聞かれているよね。だから「I'm fine.」や「I'm good.」は間違いだよ。気をつけてね!

## ちょっとネガティブ

# Nothing.

**何もないよ。**

# Nothing special.

**特に何も。**

### 答えた後に聞き返す

## What about you?
**あなたは?**

親しい相手なら What about を省いて「You?」だけでも OK です。

### ふざける

## The sky. Clouds. Gas prices.
**空。雲。ガソリン代。**

「What's up?」を「上に何があるの? 何が上がったの?」と捉えて「空」「雲」「ガソリン代」と答えるジョークです。

# 寝る前にあいさつをする

これから寝る人

### これから寝る人が使う

**I'm going to bed.**
もう寝るね。

**Time for me to sleep!**
寝る時間だ!

### どちらでも使える

**Good night.**
おやすみ。

**Nighty night.***1
おやちゅみ。

### まだ起きている人が使う

**Sleep well.**
よく寝てね。

**Sleep tight.**
ぐっすり寝るんだよ。

*1　子どもに対して使う赤ちゃん言葉のようなフレーズです。

実際に海外で生活してみないと英語で「おやすみなさい」なんて言う機会は少ないから、「Good night.」以外はあんまり馴染みがないよね。でも大丈夫。「これから寝る人」「まだ起きている人」に分けて考えると、頭の中を整理して覚えられるよ！

## I've gotta go to bed.
もう寝なきゃ。

## I'm gonna hit the sack.
もう寝るね。

## See you in the morning.
また明日ね。

## See you tomorrow!
また明日！

まだ起きている人

## Time to go to bed.
もう寝る時間だよ。

## Sweet dreams.*2
いい夢見てね。

*2　子どもや恋人など、愛する相手に向かって使うフレーズです。

## 1-11
# 「よろしく」を使い分ける

### 初対面の相手に対する「これからよろしくね」

**Let's keep in touch.** *1
連絡を取り合いましょうね。

**Nice to meet you.**
はじめまして。

**Nice meeting you.** *2
お会いできてよかったです。

＊1　Let's が省かれることも多いです。
＊2　別れ際に使います。

### 知り合いに対する「これからもよろしくね」

**Thank you for your continued support.**
今後とも何卒よろしくお願いいたします。

**I'm looking forward to working with you.** *3
これから一緒に働けることを楽しみにしています。

＊3　初対面の相手にも、知り合いに対しても、今回初めて同じプロジェクトに取り組む場合などに「これから一緒に頑張ろう」というニュアンスで使えます。

日本人がよく使う「よろしく」という言葉。実はそのまま英訳することはできないんだ。なぜなら、同じ「よろしく」でも時と場合によって含んでいる意味が違うから。それぞれの「よろしく」が持っている本当の意味を考えてみると、英語に訳すことができるよ。

## お願いをするときの「よろしく」

### Thank you.
**ありがとう。**

### I appreciate it.
**感謝します。**

### Thanks in advance.
**前もってお礼申し上げます。**

## 「よろしくお伝えください」という伝言のお願い

### Please say hello to him for me.
**彼によろしくお伝えください。**

### Tell her I said hi.*4
**彼女によろしくお伝えください。**

\*4　said の代わりに say も使えます。

## 1-12

# 「お疲れ様」を 使い分ける

### 努力を称える・感謝をする場合の「お疲れ様」

**Good job!**
よくやった！

**Great work!**
頑張ったね！

**Well done!**
上出来だね！

**Thank you for your hard work today.**
今日は頑張ってくれてありがとう。

### 仕事の終わりや別れ際の「お疲れ様でした！」

**See you tomorrow.**
また明日ね。

**See you on Monday.**
また月曜日ね。

**See you next week.**
また来週ね。

**Take care!**
お気をつけて！

### 業務メールの書き出しの「お疲れ様です」

**Hope you are doing well.**
お元気でお過ごしのことと思います。

**I hope you are well.**
いかがお過ごしでしょうか。

「お疲れ様」もいろんな意味を持つ日本語の代表例。いつも何気なく使っているフレーズがこんなにたくさんの意味を持っているなんて、日本語ってとっても奥深いよね。日本語を勉強中の外国人のみなさん、本当にお疲れ様です…！

## 「こんにちは」などのあいさつ代わりの「お疲れ様」

### Hi.
やあ。

### Hello.
こんにちは。

### What's up?
最近どう？

### How are you?
お元気ですか？

### How's it going?
調子はどうですか？

## ねぎらいの「お疲れ様です」

### You must be tired.
お疲れでしょう。

### You should take time off.
休んでくださいね。

### You've got to be tired.
疲れたでしょう。

### Take it easy this weekend!
今週末はゆっくりしてね！

## 1-13
# 出かける前に あいさつをする

これから出かける側

### これから出かける側が使う

**Bye.**
行ってきます。

**I'm off.**
もう行くよ。

### どちらでも使える

**Bye. I'll miss you.**
寂しくなるよ。

### 見送る側が使う

**Have a good day!***[1]
いい1日を!

**Have fun.**
楽しんできてね。

＊1 good の代わりに nice を使っても同じ意味になります。

毎日使う「行ってきます」と「行ってらっしゃい」。実はこれもそのまま英訳できない日本語の1つだよ。英語圏ではお出かけやお見送りのときには「さようなら」や「楽しんできてね」といったフレーズであいさつを交わすんだ。これも文化の違いだね！

**I have to leave now.**
もう行かなきゃ。

**I'm going now.**
もう行くね。

**See you later.**
また後でね。

見送る側

**Have a good time!**[*2]
よい時間を！

**Have a good one.**
楽しんできてね。

*2 旅行に行く人を見送るときは day や time の代わりに trip や vacation を入れて「Have a good trip!（よい旅を！）」のように使えます。

# 初対面のあいさつをする

## Nice to meet you.

### 初対面の人への「はじめまして」

「It was nice meeting you./Nice meeting you.」は「お会いできて嬉しかったです」
「さようなら」という意味で、初めて会った人との別れ際のあいさつに使うフレーズです。

「Nice to meet you.」は「お会いできて嬉しいです」と訳せるけど、実は2回目以降に会う人に対して使うのは間違い。meet は「初めて会う」というニュアンスを持っている単語だから、知り合いに会う場合は meet ではなく see を使うのが適切なんだ。

# Nice to see you.
## 知り合いへの「また会えて嬉しいです」

「It was nice seeing you./Nice seeing you.」は「会えてよかったよ」という意味で、知り合いへの別れのあいさつに使われます。「顔を見られてよかったよ」というニュアンスです。

# 久しぶりに会った相手に
# あいさつをする

**It's been forever!**
マジ久しぶりじゃん！

**Good to see you again!**
また会えて嬉しいよ！

タメ口

**Long time no see!**
ずいぶん久しぶりだね！

「久しぶり」をネットで検索すると「Long time no see.」が出てくるよね。もちろん間違いではないけど、実はネイティブがもっとよく使うフレーズがたくさんあるよ。相手との関係性によって使い分けられると、表現の幅が広がるね！

It's been a while.
**お久しぶりです。**

It's been a long time.
**お久しぶりです。**

丁寧

We haven't seen each
other in a long time.
**久しくお会いしていませんでしたね。**

# 帰り際にあいさつをする

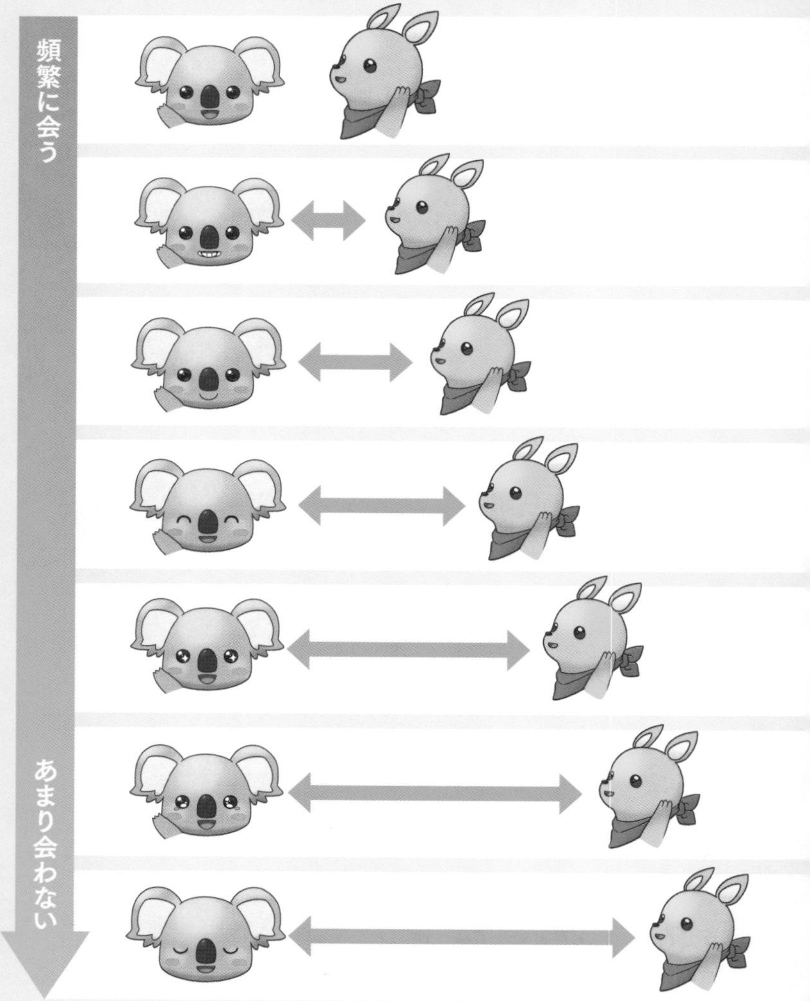

頻繁に会う

あまり会わない

日本語で友達同士のあいさつなら「さようなら」よりも「じゃあね」や「バイバイ」の方がよく使うよね？ 英語も同じように、時と場合によって適したフレーズが変わるんだ。ここでは「どれだけ頻繁に会うか？」の軸で整理してみたよ。

**Bye.**　　　　**バイバイ！/ じゃあね。**

**See you/ya.**　　　**またね。**

**See you later.**
**また後でね。**
少し後に会う予定があるときに使います。

**Bye for now.**
**じゃあまた。**
後で会う予定があるときに使います。

**See you then.**
**また今度ね。**
次に会う予定が決まっているときに使います。

**Take care.**
**気をつけてね。**
次に会う予定が未決定のときに使います。

**It was nice meeting you.**
**お会いできて嬉しかったです。**
フォーマルな表現です。

## 1–17
# 相手の体調不良を
# いたわる

| **Feel better!** | **Get well soon!** |
| よくなってね！ | 早くよくなってね！ |

タメ口

| **Take care!** | **Take care of yourself!** |
| お大事に！ | お大事にしてね！ |

「お大事に」はまさに自分の感情や気遣いを相手に伝えるフレーズだからこそ、いろいろなフレーズを覚えて気持ちをありのままに言葉にしたいところだよね。大事な場面なのに「Take care.」しか言えないと、もどかしい想いをすることになるかも…。

**I hope you feel better soon!**
早くよくなるといいですね！

**Please take good care of yourself.**
お大事にしてください。

丁寧

**Wishing you a speedy recovery!**
早くよくなりますように！

# 1–18
# 呼びかける表現

| | 親しい人 | |
|---|:---:|---|
| **Yo!**<br>ねえ！ | ● | |
| **Hello you!**<br>あなた元気？ | ● | |
| **Hey!**<br>ねえ！ | ● | |
| **Guess what!**<br>聞いて！ | ● | |
| **Listen.**<br>聞いてよ。 | ● | |
| **You know what?**<br>ねえ知ってる？ | ● | |
| **Excuse me.**<br>すみません。 | ● | |
| **Hello?**<br>ごめんください。 | ● | |
| **Sorry to bother you.**<br>お忙しいところすみません。 | ● | |

あの人に話しかけたいけど、最初に何て切り出していいか分からない…。英語初心者なら誰でも直面する課題だよね。そんなときは、こんなフレーズを使って呼びかけてみよう。下の方のフレーズから覚えていくと、使える場面が多いからオススメだよ!

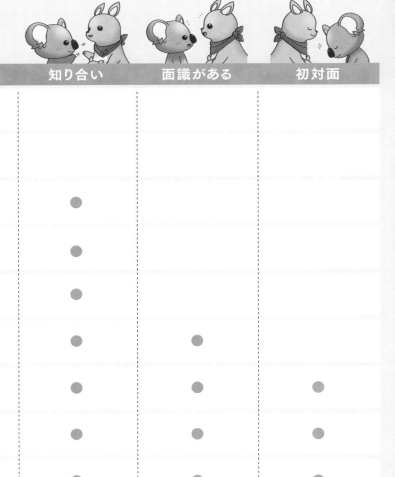

知り合い　　　面識がある　　　初対面

# 日本人が英訳を間違えやすいフレーズ❶

## トイレを借りてもいいですか？

**✕ Can I borrow the toilet?**

便器を借りても
いいですか？

**◯ May I use the restroom?**

borrow は借りて別の場所で使うこと
だから use の方が適切。toilet はア
メリカでは便器のことだから気をつけ
てね！

## 私は犬が好きです。

**✕ I like dog.**

私は犬の肉が好きです。

**◯ I like dogs.**

「I like dog.」だと dog が数えられな
い名詞として扱われちゃうから「犬の
肉」って聞こえちゃうよ。数えられる名
詞にするために "s" を忘れないでね！

# 我が家は4人家族です。

❌ **I have four families.**

私は家庭を4つ
持っています。

⭕ **We are a family of four.**

family は、家族のメンバー一人一人
ではなく、家庭全体のことを指すよ。
だから four families だと家庭を4つ
持ってることになっちゃうんだね。

# こちらは私の恋人です。

❌ **This is my lover.**

こちらは私の愛人です。

⭕ **This is my partner.**

「恋人」で検索すると lover って出て
くることがあるけど、ネイティブには愛
人って聞こえることがあるから注意！
partner を使うのが自然だよ！

# 第 2 章

# 感情を
# 伝える

「驚く」「感動する」「喜ぶ」みたいな感情の動詞。英語だと「I'm surprised./ I'm touched./ I'm pleased.」みたいに、いわゆる受動態（受け身）の形になるけど、なんでこうなるか知ってる？これはね、英語圏の「神」の存在が関係してると言われてるんだ。日本語だと感情は自分の中から湧き上がってくるものとして解釈されるけど、英語では感情は神によって与えられるもの。つまり、「I'm surprised.」は「私は（神によって）驚かされた」ってことなんだって！言葉には文化や信仰も関わっているんだね！

# 嬉しい気持ちを伝える

**強**

嬉しさの度合い

**I could die now.**
嬉しすぎて
死んじゃう。

**I'm jumping for joy!**
めちゃくちゃ嬉しー！

**I'm as happy as a clam.** *1
めっちゃ嬉しー。

**I'm happy.**
嬉しー。

**I'm tickled pink.**
嬉しい。

**弱**

タメ口

＊1　少し古い表現ですが、ネイティブならみんな知っているフレーズです。

「めっちゃ嬉しい」「天にも昇る気持ち」「死んでもいい」… 自分の気持ちを素直に表現したいけど、英語になると「I'm happy.」しか出てこない。そんな君のために、「度合い」と「丁寧さ」の 2 軸で「嬉しい」の表現をまとめたよ！ お役に立てたら嬉しいです！

### I'm over the moon.
嬉しくて
たまりません。

### I'm overjoyed.
幸せに
あふれています。

### I've never been so happy!
こんなに嬉しいこと
は初めてです！

### I'm filled with joy.*3
幸せで
いっぱいです。

### I'm grinning from ear to ear.
嬉しくて笑顔に
なります。

### You've made my day.*2
私は幸せです。

### I'm delighted.
嬉しく
思っています。

### I'm pleased.
嬉しいです。

丁寧

\*2 「あなたのおかげでいい1日になったよ」というニュアンスです。
\*3 joy の代わりに happiness も使えます。

# 2-2
# 怒りの気持ちを伝える

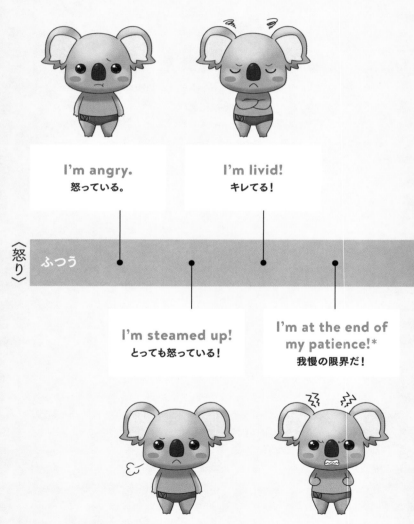

**I'm angry.**
怒っている。

**I'm livid!**
キレてる!

〈怒り〉 ふつう

**I'm steamed up!**
とっても怒っている!

**I'm at the end of my patience!***
我慢の限界だ!

\* patience の代わりに rope も使えます。

できればあまり使いたくない「怒り」の表現。でも、外国人とのやりとりにトラブルはつきもの。自分がどれだけ怒っているかをしっかりと相手に伝えて、さらなるトラブルを避けることが必要な場面も少なくないよね。覚えておくときっとどこかで役に立つよ。

My patience has
run out!
もう我慢できない！

I'm done!
もういい！

強

That does it!
もうおしまいだ！

## 2-3
# 悲しい気持ちを伝える

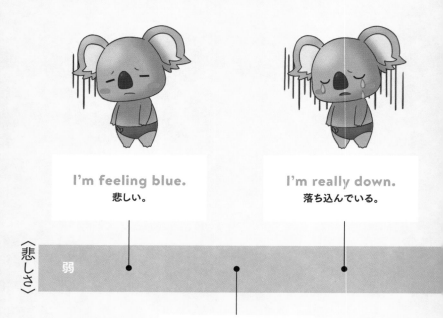

**I'm feeling blue.**
悲しい。

**I'm really down.**
落ち込んでいる。

〈悲しさ〉

弱

**I've seen better days.\***
最近はダメだ。

＊直訳は「もっと良い日を見たことがある」という意味です。

シェイクスピアの悲劇『マクベス』に出てくる「It's always darkest before the dawn.（夜明け前が一番暗い）」っていう有名な台詞は知ってるかな？
悲しいとき、苦しいとき、つらいとき。心が折れそうになることもあるけど、きっともうすぐ道が開けるよ。

**I'm so lost.**
**どうしよう。**

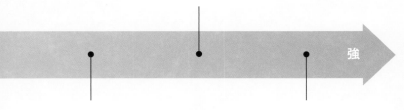

強

**I feel like crying.**
**泣きたい気分。**

**I can't face another day.**
**もう1日も耐えられない。**

## 2-4
# 安心している気持ちを伝える

### 安堵している

**Thank my lucky stars.**
よかった。

**What a relief!**
あーよかった！

### 重荷がなくなる

**It took a load off my mind.**[1]
重圧から解放されたよ。

**A weight has been lifted off my shoulders.**
肩の荷が下りたよ。

[1]  load の代わりに weight も使えます。

英語の勉強や海外生活は何かとストレスが溜まるもの。たまには肩の力を抜いてリラックスすることも必要だよね。頑張りすぎて余裕がなくなっている人には「Take it easy.（気楽にいこうよ）」と優しく声をかけてあげると、緊張がほぐれるかもね！

## 緊張や心配がない

### I have peace of mind.
**心が落ち着いてるよ。**

### I feel at peace.
**心が安らいでるよ。**

## 快適にくつろいでいる

### I'm taking it easy.
**ゆっくりしています。**

### I'm chillin' out.*²
**のんびりしています。**

＊2　chillin' は chilling の省略形です。

## 2–5
# 不安な気持ちを伝える

I'm worried.*1
心配です。

I'm not sure.
大丈夫じゃないです。

I'm concerned.
気がかりです。

〈不安〉

弱

I'm uneasy.
落ち着かないです。

I'm nervous.
緊張しています。

*1 82ページもご参照ください。

初めてだらけの海外生活、誰だって最初は不安でいっぱい。そんな不安な気持ちを表現するのは、何も恥ずかしいことじゃないよ。文化や育った環境が違ったって、みんな同じ人間。大丈夫、君が心を開けば、きっとみんな助けてくれるよ。

I'm frightened.
おびえています。

I'm afraid.
恐ろしいです。

強

I'm anxious.*2
不安です。

I think I'm going
to throw up.
心配で吐きそうです。

＊2　漠然とした不安で健康に影響する場合もあります。

## 2-6
# 愛している気持ちを伝える

**I'm into you.**
君に夢中だよ。

**I'm head over heels for you.**
君にぞっこんだよ。

〈愛〉 弱

**I can't take my eyes off of you.**
君から目が離せないよ。

**You mean the world to me.**
君は僕のすべてだ。

一説によると、英語が上達する最短最速の方法は「英語圏の恋人を作ること」と言われてるよ。でもアメリカでは恋人に「I love you.」と言う場合、結構重い意味があったりもするから注意してね。

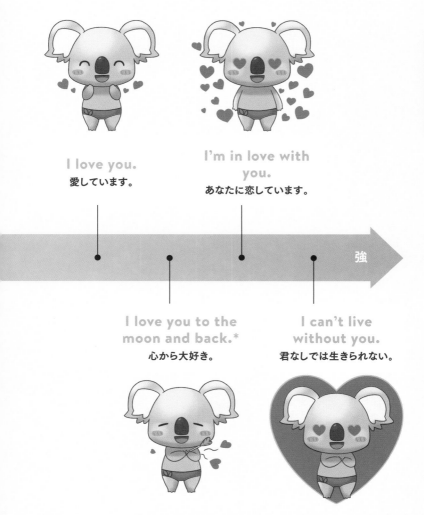

I love you.
愛しています。

I'm in love with you.
あなたに恋しています。

強

I love you to the moon and back.*
心から大好き。

I can't live without you.
君なしでは生きられない。

＊地球から月へ行って帰ってくる距離という壮大さで愛情を伝えています。恋人や配偶者はもちろんですが、我が子など、恋愛要素抜きの愛情表現でも使えます。

# 好みの強さを伝える

強

好みの度合い

I'm addicted to koalas.

I'm hooked on koalas.

I can't get enough of koalas.

I have a weakness for koalas.

I adore koalas.*

I love koalas.*

弱　I like koalas.

＊物に対する好きの強さは love ＜ adore ですが、人に対する好きの強さは
　adore ＜ love になります。

小学生でも知っている「I like ~ .」という表現。もちろん便利だけど、このフレーズだけでは、どれだけ好きなのか、その程度を表現することはできないんだ。自分の気持ちの強さを表現できれば、その後の会話も広がること間違いなし！

コアラ中毒だ。

コアラに夢中だ。

コアラに飽きることはない。

コアラに弱い。

コアラを心から愛してる。

コアラが大好きだ。

コアラが好きだ。

# 嫌いな気持ちを伝える

| 嫌いの度合い | |
|---|---|
| 弱 | I don't really like koalas. |
| | Koalas are not my thing. |
| | I'm not a big fan of koalas. |
| | I'm not really a fan of koalas. |
| | Koalas are not for me. |
| | I don't like koalas. |
| | I hate koalas. |
| 強 | I have a phobia of koalas. |

おばけ、ゴキブリ、納豆。大っ嫌いなのに「I don't like 〜 .」では全然気持ちが伝わらなくない？ いろんなフレーズを覚えて、嫌いなものを全力で拒絶しよう！

**コアラはそれほど好きではない。**

**コアラはあまり好みではない。**

**コアラが特に好きというわけではない。**

**コアラはあまり好きではない。**

**コアラは私には向いていない。**

**コアラが嫌いだ。**

**コアラが大嫌いだ。**

**コアラ恐怖症だ。**

## 2-9
# 感動の気持ちを伝える

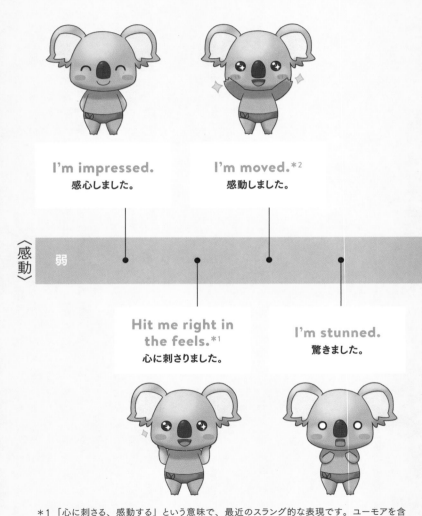

I'm impressed.
感心しました。

I'm moved.*²
感動しました。

〈感動〉 弱

Hit me right in
the feels.*¹
心に刺さりました。

I'm stunned.
驚きました。

*1 「心に刺さる、感動する」という意味で、最近のスラング的な表現です。ユーモアを含んだ表現でもあります。

*2 moved の代わりに touched も使えます。

海外生活では、日本では体験できない感動を味わう場面がたくさんあるもの。壮大な絶景、本場のエンタメやスポーツ、そして人の温かさ。感動する場面に出会ったら、こんなフレーズを使って気持ちを表現してみよう。

**I'm blown away.**
**圧倒されました。**

**I'm at a loss for words!**
**感動して言葉が出ません!**

強

**I'm speechless!**
**感激で何も言えません!**

## 2-10
# 同情・共感の気持ちを伝える

**That's too bad.**
残念だね。

**I'm sorry to hear that.**
それは気の毒でしたね。

〈共感〉 弱

**What a shame.**
残念ですね。

「同情するなら金をくれ」なんて台詞もあるけど、やっぱり気持ちを分かってくれると嬉しいものだよね。友達がつらい想いをしているときには、このページのフレーズを使って優しく寄り添ってあげてね。

**You have my deepest condolences.\***

**心からお悔やみ申し上げます。**

＊人が亡くなったときに
　使います。

強

**I wish I knew what to say.**

**何か気の利いたことが言えればよかったのですが。**

**I'm keeping you in my prayers.**

**あなたの分も祈っておきます。**

## 2–11
# 相手を褒める

### 見た目や服装を褒める

## I love your hair!
**髪型が素敵！**

## You look like a million bucks!
**すごく素敵だね！**

## That looks so good on you!
**とても似合っているよ！**

## It's so you!
**すごく似合ってるね！**
すごくあなたらしいね、というニュアンスです。

## That dress suits you well.
**そのドレス、似合ってるよ。**

アメリカ人やオーストラリア人は、びっくりするくらい相手のことを褒めるんだ。日本では褒められないような普通のことでも「すごい!」「素晴らしい!」と称賛の嵐。彼らと接するときは、少し大げさなくらい褒めることを意識すると仲良くなれるよ!

## その他の褒め言葉

### You've really outdone yourself!
**いつにもましてすばらしいね!**

### You catch on quick.
**飲み込み(理解)が早いね。**

### I couldn't have done it better.
**私だったらそんなふうにできなかったよ。**

### Hats off to you.
**君には脱帽だよ。**

Hats off は「帽子をとる」という意味で、尊敬を込めて使うちょっと洒落たフレーズです。

### I'm proud of you.
**偉いね。**

あなたを誇りに思う、というニュアンスを含みます。

特にアメリカでは、人の外見について直接的なコメントをすることが少ないよ。代わりに「I love your ○○!」というフレーズがよく使われるから、「○○」に服、アクセサリー、物、髪型、髪色などを入れて使ってみてね。

# 褒められたときに
# 返事をする

**You don't mean that.**
本気じゃないでしょw

**How sweet of you.**
どうもありがとう。

あっさり

**You're just saying that.**
お世辞でしょ。

**How nice of you to say that.**
そう言っていただけて嬉しいです。

褒められるとついつい「そんなことないですよ」と謙遜したくなってしまうのが日本人だけど、実はその態度、欧米では少し失礼にあたるかも。褒めてもらったら、その言葉を素直に受け取ってお礼を言うのが一般的だよ！

**Thank you for saying that.**
そう言っていただけて光栄です。

**You're so kind.**
とても優しいですね。

喜ぶ

**Thank you.**
ありがとう。

**You just made my day by saying that.**
そう言ってもらえていい1日になったよ。

# 応援をする

## 今していることへの応援

**Keep it up!**
その調子！

**Keep going!**
そのまま・その調子！

**Stick with it!**
諦めないで！

**Give it your all!**
全力を尽くせ！

欧米には日本以上に「挑戦する人を応援する」文化があるって感じる人も多いんじゃないかな。日本では鼻で笑われるような大きな夢も、みんなで応援する傾向が強いよね。みんなで挑戦を応援し合って、優しい世界にしていきたいね！

## Hang in there!
負けないで！

## Come on!
いけー！

## Go for it!
やっちゃえ！

## You can do it!
君ならできる！

## Good luck.
健闘を祈る。

## Break a leg!
成功を祈る！

これからすることへの応援

# 落ち込んでいる人を励ます

## 落ち着かせる

## I'm here for you.

私がついてるよ。

## Take it easy.

気楽にいこうよ。

## Don't push yourself too much.

無理をしないようにね。

## そんなこともあるよと伝える

## Everyone makes mistakes.

誰にでも失敗はあるよ。

## These things happen!

こういうこともあるよ！

誰だって落ち込むことはあるけど、そんなときに友達が優しい言葉をかけてくれたら本当に嬉しいもの。「友達を励ましてあげたいけど、何て言ったらいいんだろう…」という悩みも、このページで解決だね！

## 明るく元気づける

# Look on the bright side.
### よい面に目を向けようよ。

# Tomorrow is another day.
### 明日は明日の風が吹く。

# Cheer up!
### 元気出せよ！

# Better luck next time!
### 次はきっとうまくいくよ！

# I worry about と
# I'm worried about の違い

## I worry about
### いつも心配に思っている

**I worry about my health
all the time.**

自分の健康のことをいつも心配しています。

「I worry about」と「I'm worried about」。どっちが正しいの…？って思っちゃいそうだけど、実はどっちも正解。ただし、そのニュアンスは微妙に異なるから、気をつけて覚えておこう。こういう細かいところで差がつくよ！

# I'm worried about
## 今、一時的に心配に思っている

## I'm worried about
### the test results.
**検査の結果が心配だよ。**

# 日本人が意味を間違えやすいフレーズ❶

## I've had it.

❌ もう持ってるよ。　⭕ もううんざり。

これは「I have had it.」の短縮形。「もうすでに十分持ってるよ」というところから転じて、「もううんざり」って意味のカジュアルな表現として使われるよ。

## Get a life!

❌ 人生を手に入れろ！　⭕ いい加減にしろ！

「（もっとマシな）人生を手に入れろ」というニュアンスで、くだらないことに時間を使っている人を諭したり、からかったりするときに使われるフレーズだよ。

# Nothing doing!

相手のお願いや提案に対して「絶対にダメ！」「お断りだ！」と強く否定するようなニュアンスだよ。スラング的なフレーズだから、公の場では使わない方がいいね。

# I had a ball.

ball は「ボール」の他にも「舞踏会」という意味を持ってるんだ。そこから転じて「楽しい時間」という意味合いになったんだね。カジュアルに使われるフレーズだよ！

第 **3** 章

# 意思を
# 伝える

「コンテクスト (context)」って聞いたことある? 「文脈」とか「背景」みたいな意味なんだけど、これは国や言語によって重視するかどうかが大きく異なるんだ。日本は言葉そのものよりも文脈や背景を重視する「ハイコンテクスト文化」で、言葉で直接的に表現することはあまり好まれない。一方で、北米や西欧なんかは言葉そのものの意味を重視する「ローコンテクスト文化」で、端的に言葉で表現することが多いから形式的な言葉や飾った表現は好まれない。単一文化の地域はハイコンテクスト文化、異文化が混じり合った地域はローコンテクスト文化っていう傾向があるみたいだね。

ハイコンテクスト
文化

ローコンテクスト
文化

日本　中国　アラブ　ギリシャ　イギリス　フランス　アメリカ　スカンジナビア　ドイツ　ドイツ系スイス

出典：Edward T Hall (1976)
Beyond Culture, Anchor Press

## 3-1
# 確信度で使い分ける「思う」

**It feels like he likes me.**
彼は私のことが好きなような
気がする。

**I believe
he likes me.**
彼は私のことが好きだと信じている。

〈確信〉 弱

**I think he likes me.**
彼は私のことが好きだと思う。

「思う」といえば最初に思いつくのが「I think ～」だけど、「自分がどれだけ確信しているか」でフレーズを使い分けられると、ワンランク上の英語になるよ！「～な気がする」「きっと～だと思う」「明らかに～」どれも日常でよく使う表現だよね！

**I've reached  the conclusion
that he likes me.**
彼は私のことが好きだという結論に至った。

強

**All signs say that
he likes me.***
彼は明らかに私のことが好き！

**I'm sure he likes me.**
彼は絶対に私のことが好き！

＊直訳は「すべての証拠が彼は私を好きと言っている」という意味です。

# 自分の意見を切り出す

強

自信の強さ

弱

タメ口

**If you ask me,**
私に言わせると、

**The way I see it,**
私の見立てでは、

欧米ではしっかりと意見を主張しないと「自分の意見がないやつだ」と思われちゃって、信用を勝ち取ることは難しいんだ。このページのフレーズをしっかり覚えて堂々と自分の意見を述べる練習をしておくと、いつか必ず役に立つよ!

In my opinion,
私の考えでは、

In my humble opinion,
僭越ながら
申し上げますと、

If I may offer a suggestion,
もし口を差しはさんでも
よろしければ、

This is just my personal opinion, but
私の個人的な考えですが、

丁寧

## 3-3
# 念を押す

> **Just a friendly reminder that today is the deadline.**
> 締切は今日であることを
> リマインドするよ。

> **Please don't forget that today is the deadline.\***
> 今日が締切であることを
> 忘れないでください。

タメ口

> **Please remember that today is the deadline.\***
> 今日が締切であることを
> 忘れないでね。

\* 文ではなく動詞を続けるときは「Please don't forget to… ／ Please remember to… ／ I'd like to remind you to…」となります。

日本とは文化や習慣の違う海外の人とのやりとりでは、勘違いが起きたり、締切を守ってもらえなかったりするケースが本当に多いよね。だから、確実に約束を守ってもらえるように、事前にしっかりと念を押しておいた方がいいよ。そんなときにはこんなフレーズ！

**Please keep in mind that today is the deadline.**
どうか今日が締切であることを
覚えていてください。

丁寧

**I'd like to remind you that today is the deadline.** *
今日が締切であることをリマインド
いたします。

**In case you've forgotten, today is the deadline.**
お忘れかもしれないので念のためですが、
今日が締切です。

# I was going to と I was supposed to の違い

## I was going to

### 自分の意思として「〜するつもりだった」

## I was going to **go to the beach with Rutan, but it rained.**

**るーたんとビーチに行くつもりだったけど 雨が降った（ので、行かなかった）。**

「be supposed to ＝～することになっている」って習うけど、未来の内容を表すなら be going to と何が違うの…? と疑問に思ったことのある人は少なくないはず。実はこんな違いがあったんだね!

# I was supposed to
## 約束や義務として「～するはずだった」

## I was supposed to **go to the beach with Rutan, but she got busy.**

**るーたんとビーチに行くはずだったけど
彼女は忙しくなった(ので、来られなかった)。**

## 3-5
# 間違いを指摘する

**You don't know what you're talking about.***
ちょっと何言ってるか
分かんないっす。

**You've got it wrong.**
あなたは間違っているよ。

直接的

**You're wrong.**
君は間違ってる。

**I'm not sure if that's correct.**
それが正しいかどうか分かりません。

＊ 直訳は「君は自分の言っていることが分かっていない」という意味です。

相手の理解が間違っているとき、そのままにしておくと後で大きなトラブルになりかねない。頭ごなしに間違いを否定するんじゃなくて、相手を気遣いながら理解を正してあげることができれば、感謝されること間違いなし！

**You might be misunderstanding.**

もしかしたら誤解していらっしゃる
かもしれません。

**I'm sorry, but I think you're mistaken.**

申し訳ありませんが、間違って
いらっしゃるかと思います。

丁寧

**That may not be correct.**

それは正しくないと思います。

# notとnoの違い

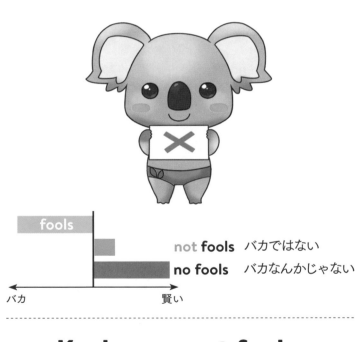

## not
### 単純な否定

fools

not fools バカではない

no fools バカなんかじゃない

バカ　　　　　　　　　　　賢い

# Koalas are not fools.

コアラはバカではない。

「be 動詞の後ろに not を入れると否定文になる」って習ったよね？ でも実は not ではなく no を入れて否定文を作ることもできるんだ。not を no に置き換えることで、より強い否定のニュアンスを表現することができるよ。

# no

## やや感情的な強い否定

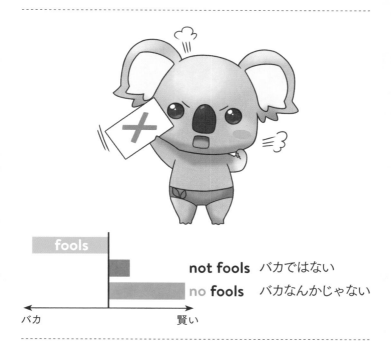

| | |
|---|---|
| **not fools** | バカではない |
| **no fools** | バカなんじゃない |

バカ　　　　　　　　賢い

# Koalas are no fools.

**コアラはバカなんかじゃない。**

## 3-7
# 不満の気持ちを伝える

**I'm not happy with him.**

彼が気に入らない。

**I'm disappointed with him.**

彼にがっかりしている。

〈不満〉 弱

**I'm dissatisfied with him.**

彼に不満を持っている。

気に入らないことは気に入らないって、はっきり伝えておくことは本当に重要。
早い段階で伝えておかないと不満がだんだん大きくなるし、どんどん言いづら
くなっていくからね。気持ちの強さによってフレーズを使い分けてみてね！

**I'm upset with him.**
彼にムカついている。

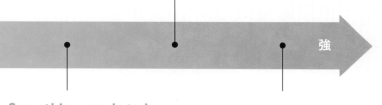

強

**Something needs to be
done about him.**
彼は何とかする必要があるよ。

**I'm angry with him.**
彼に怒っている。

# I don't really know.と
# I really don't know.の違い

## I don't really know.
### あまりよく知りません。

**I don't really know.**

「知っている」を強調→本当に知っている

「本当に知っている」を否定→弱い否定

「本当に知りません」と「知りません、本当に」って、意味としてはほぼ同じだよね? こんなふうに日本語は少し語順を入れ替えても意味が通じる場合が多いけど、英語はそうもいかない。単語の順番を1つ入れ替えるだけで、全く違う意味になってしまうことも少なくないんだよ。

# I really don't know.
## 本当に知りません。

**I really don't know.**

「否定」を強調→強い否定

# 3-9
# ストレートに言いにくいときのクッション言葉

## 本当は言いたくない気持ちを出す

### I don't know how to put this, but...
どう言えばよいのか分からないのですが、

### This is really hard for me to say, but...
本当に言いづらいのですが、

### It's hard for me to say this, but...
言いづらいのですが、

## 悪く思わないでほしいことを伝える

### Please don't take this the wrong way, but...
誤解しないでいただきたいのですが、

### Please don't take this personally, but...
気を悪くしないでほしいのですが、

相手に何かを依頼したり、断ったり、質問したりするとき、本題の前に添えて、角が立たないようにする言葉を「クッション言葉」って言うんだ。文字通りクッションのように言葉の衝撃を和らげる役割があるから、ストレートに言いにくいときは使ってみてね！

## 相手の考えに配慮していることを示す

# This may be a bit out there, but...
### ちょっと変かもしれませんが、

# This might just be me, but...
### 私だけかもしれませんが、

# This might be controversial, but...
### 賛否両論かもしれませんが、

## あえて言っていることを強調する

# Normally I wouldn't say anything, but...
### 普段なら何も言わないのですが、

# I hate to bring this up, but...
### こんなこと言いたくはありませんが、

# 断るときのクッション言葉

## さくっと断る

**Unfortunately,**

残念ながら、

**I'm sorry,**

残念だけど、

**Regrettably,**

遺憾ながら、

**Sadly,**

悲しいけど、

誘いや提案を断るのは、仕方ない事情があってもなんだか少し申し訳ない
気持ちになるよね。そんなときに便利なのが、こんなクッション言葉たち。
176 ページのフレーズと相性抜群だから、組み合わせて使ってみてね！

## 丁寧に断る

# I regret that...

残念ですが、

# I'm sorry to tell you this, but...

こんなことを言って申し訳ございませんが、

# It isn't easy to say, but...

申し上げづらいのですが、

# I'm afraid that...

恐れ入りますが、

# 反論するときの
# クッション言葉

反対意見を言いたい

## I hear what you're
## saying, but...

**おっしゃることはよく分かりますが、**

## With all due respect,

**お言葉ですが、**

## I understand
## your point, but...

**言いたいことは分かりますが、**

議論を活性化させるために、あえて反対意見を述べる人のことを「devil's advocate（悪魔の代弁者）」って言うんだ。この人たちのおかげで議論が盛り上がっていくからとても貴重な存在なんだけど、反論するときには相手への気遣いも忘れずにね！

## 議論をしたい

# That may be true, but...

それは正しいかもしれませんが、

# Just playing devil's advocate,

（議論を深めるために）あえて反対意見を述べますが、

# Another way to look at it is...

別の見方をすれば、

## 3-12
# 確証を持てないときの クッション言葉

### 自分の記憶に基づいて

**If I'm not mistaken,**
私の思い違いでなければ、

**To the best of my knowledge,**
私が知っている限りでは、

**If my memory is correct,**
私の記憶が正しければ、

**If I remember correctly,***
私の記憶が正しければ、

**As far as I can remember,***
私が覚えている限りでは、

* remember の代わりに recall も使えます。

110

自分が正しいかどうか自信がなくても、何か発言しなきゃいけない場面もある
よね。そんなときはこのフレーズを使ってみよう。ネイティブも本当によく使う
フレーズだよ。日本で言うところの「知らんけど」に似てるかもね、知らんけど。

## 自信がないけれど

### I might be wrong, but...
**間違ってるかもしれないけど、**

### I'm not positive, but...
**確かではないけど、**

### Correct me if I'm wrong, but...
**間違っていたら訂正してほしいんだけど、**

### Tell me if I'm wrong, but...
**間違いだったら言ってほしいんだけど、**

### I'm not sure, but...
**確信があるわけではないけど、**

# 話題を変える

## 友達同士で使う

**You know what?**
ねえ知ってる?

**Now,**
そうだ、

**Joking aside,**
冗談はさておき、

**Incidentally,**
ちなみに、

**Speaking of ~,**
～といえば、

**Before I forget,**
忘れる前に、

**By the way,**
ところで、

**On a side note,**
余談ですが、

英会話がある程度できるようになったら、次は自分が会話をリードすることに挑戦してみよう。そのためには話題をうまく切り替えることが大切だよ！「By the way」も便利だけど、他のフレーズも使いこなせると表現の幅が広がって会話が楽しくなるね！

**Aside from that,**
それはさておき、

**I just remembered,**
今思い出したけど、

**A brief tangent, but**
というわけで余談になりますが、

**Changing the subject,**
話は変わるけど、

**Now that you mention it,**
そういえば、

**That reminds me,**
それで思い出したんですが、

**Now that that's settled,**
それは解決したとして、

仕 事 で 使 う

# 日本人が意味を間違えやすいフレーズ❷

## It's on me.

✖ 私の上にあります。

⭕ おごるよ。

on は「接触」のイメージがある前置詞。お店で支払いをするという「責任」「役割」のようなものが、自分にくっついているというニュアンスだよ!

## Let's call it a day.

✖ それを日と呼ぼう。

day

⭕ 今日は終わりにしよう。

「ここまでで1日にしよう」というニュアンスから、「今日はここまでにしよう」っていう意味で使われるよ。ミーティングを切り上げるときなんかに使ってみてね!

# I'm easy.

✖ 私は簡単だ。

⭕ 何でもいいよ。

「I'm easy to please.（私を満足させるのは簡単です）」が省略されたものと言われていて、「特にこだわりはないよ」「何でもいいよ」って意味になるんだって！

# I'm counting on you.

✖ 君を数えてるよ。

⭕ 期待してるよ。

count は「数える」って覚えてる人も多いと思うけど、count on には「〜を頼りにする」とか「〜を当てにする」っていう意味があるんだ。言われてみたいフレーズだよね！

# 第4章

# 依頼・提案をする

「Can you 〜?」よりも「Could you 〜?」の方が丁寧っていうのは有名な話だけど、過去形にすると丁寧になるのって、どうしてか知ってる？　これ、実は過去形の本質が『距離感』だからなんだ。過去を表す past の語源は、pass（通り過ぎる）の過去分詞の passed。つまり過去形は、現在から見てすでに通り過ぎてしまった時点、言い換えれば、現在から『距離感』のある時点の形ってことなんだ。だから依頼の文でも、「相手と自分の距離感」を示して丁寧なニュアンスを出すために過去形が使われているんだよ！

# 4-1
# お願いをする

**Will you open the door?**
ドアを開けてくれる？

Would you **open the door?**
ドアを開けてもらえるかな？

タメ口

**Open the door.**
ドアを開けろ。

Can you **open the door?**
ドアを開けてもらえる？

118

「英語には敬語がない」って聞いたことない？ 確かに日本語ほど豊かな敬語表現はないんだけど、英語にもかしこまった表現とくだけた表現は存在するんだよ。「お願い」のフレーズはその代表的なもの。相手との関係性によって使い分けてみてね！

**Please open the door.**
ドアを開けてください。

**I would really appreciate it if you could open the door.**
ドアを開けていただけますと大変幸甚です。

丁寧

**Could you open the door?**
ドアを開けてもらえますか？

**I was wondering if you could open the door.**
ドアを開けていただけないでしょうか？

# tell me と let me know の違い

## tell me

### 直接的で強い依頼

①今すぐその情報が欲しい

②教えてもらえることが前提

## Tell me **the result of the exam.**

### テストの結果を教えてください。

一見すると同じような意味に見える「tell me」と「let me know」。確かにどちらも「教えてください」っていう意味なんだけど、実はそのニュアンスには大きな差があるんだ。これをバッチリ使い分けられるようになったら、上級者の仲間入りだね！

# let me know
## 遠回しで軟らかい依頼
①今すぐでなくても OK
②教えてもらえるかどうか分からない

## Let me know if you have any questions.

### ご質問があればお知らせください。

## 4-3
# アドバイス・提案をする

**Would you consider studying English?**
英語の勉強を検討されては
いかがでしょうか？

**How about studying English?**
英語を勉強するのは
どうですか？

遠回し

**Would you like to study English?**
英語を勉強するのは
いかがでしょうか？

**Why don't you study English?**
英語を勉強しませんか？

should は「すべき」って習ったよね? でも実は should って結構直接的な表現で、場合によっては強すぎる言い方になっちゃうことも少なくないよ。誰かにアドバイスするときは、少し遠回しに提案してあげた方が角が立たなくていいかもね!

**It might be better to study English.**
英語を勉強した方が
いいかもしれません。

**If I were you, I would study English.**
私があなたなら
英語を勉強します。

ストレート

**You might want to study English.**
英語を勉強した方が
いいんじゃないかな。

**You should study English.**
英語を勉強するべき。

4

依頼・提案をする

# 4-4
# 禁止する

強

禁止の強さ

Stop it.
やめろ。

Cut it out.
やめて。

Don't do that!
それやめて!

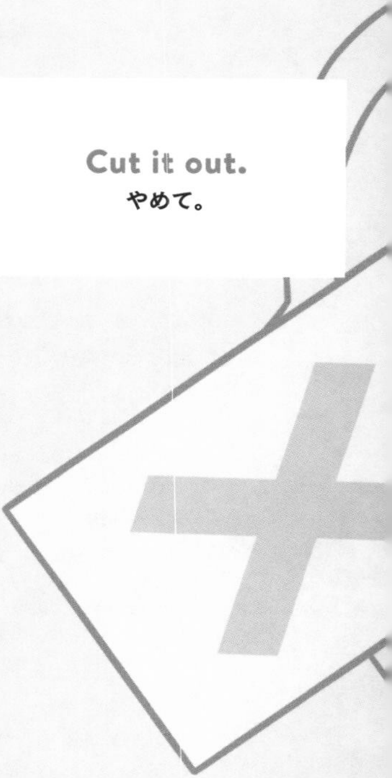

弱

タメロ

何かをやめてほしいとき。「Stop it.」だと、なんだかぶっきらぼうな気がするけど、何て言ったらいいんだろう…。そんなときは、こんなフレーズを使ってみて！108ページのクッション言葉とあわせて使えるとさらに効果的だね！

**Please stop.**
やめてください。

**Please refrain from doing that.**
ご遠慮ください。

**Would you mind not doing that?**
ご遠慮いただけませんか？

4 依頼・提案をする

丁寧

## 4-5
# 食事や遊びに誘う

**Do you wanna climb a tree?** *
木登りしない？

**How about we climb a tree?**
木登りでもどう？

タメ口

**Let's climb a tree.**
木に登ろうよ。

**Why don't we climb a tree?**
木に登りませんか？

* wanna は want to の略です。

一緒に食事に行くと仲良くなれるのは世界共通。「よければ食事でもどう？」の一言が言えるかどうかが、仲良くなれるかどうかの境目かもね。はじめましての相手を誘うのはちょっと怖いけど、勇気を出して誘ってみよう！　きっと相手も待ってるよ！

Are you free to
**climb a tree?**
木登りする時間は
ありますか？

Would you like to
**climb a tree?**
木登りするのは
いかがでしょうか？

丁寧

Shall we **climb
a tree?**
木登りするのは
いかがですか？

Are you available to
**climb a tree?**
もしご都合よろしければ
木登りしませんか？

# 4-6
# 手伝いを申し出る

**Need a hand?**
手伝おうか?

**Do you need help with that?**
それ、手伝いましょうか?

**Need help?**
手伝う?

**Let me know if I can help.**
役に立てることがあれば
教えてね。

タメ口

**Yes, please.**
はい、お願いします。

「May I help you？（お手伝いしましょうか？）」っていうフレーズを聞いたことがあるかもしれないけど、これは店員さんがお客さんに対して言う「いらっしゃいませ」のような定型フレーズ。だから日常会話では少し妙な感じがするかも。日常で使うには、こんなフレーズの方が一般的だよ！

**Would you like me to give you a hand?**
お手伝いいたしましょうか？

**Is there anything I can assist you with?**
お手伝いできることは
ありますでしょうか？

**Is there anything I can do?**
何かできることはありますか？

**May I be of assistance?\***
私で何かお役に立つことは
ありますか？

丁寧

＊お店で店員がお客に声がけするときなどに使います。へりくだったニュアンスです。

# 買い物で値切る

## Is this price negotiable?
この価格は交渉可能ですか？

## Is there room for negotiation?
交渉の余地はありますか？

遠回し

せっかく海外旅行に行ったら、思いっきりショッピングを楽しみたいよね。マーケットやお土産屋さんでは値段交渉ができる場合も少なくないから、こんなフレーズを覚えておくと、少しお得に買い物ができるかも！ これでショッピングの楽しみがまた1つ増えたね！

## Do you offer discounts?
**値引きできますか？**

## Could you give me a discount?*
**値引きしてもらえますか？**

ストレート

＊「Could you give me a better price?（もう少しよい値段にしてもらえますか？）」という言い方もあります。

# 静かにしてほしいと伝える

## 話し声に対して使う

### Shh!

**静かに！**

子どもに対して言ったり、映画館で喋っている人に対して言ったりします。

### Zip your lip.

**お口チャックして。**

lip の代わりに mouth も使えます。子どもに対して使うことの方が多いですが、Zip it. と言うと、親しい大人同士で「お口チャック」ではなく「シッ！」「黙って」というニュアンスで使われます。

### Shut up.

**黙れ。**

かなり怒っているときや、ふざけているときなどに使います。

文化や習慣の違う海外では、日本では考えられないような騒音や大騒ぎに遭う可能性も。電話中とか寝る前とか、静かにしてほしいときにはこんなフレーズを使ってみて！まずは丁寧なフレーズから覚えておくと、どんな場面でも使えて便利だね！

## 声以外に対しても使える

# Be quiet.
### 静かにして。

親や教師が子どもに注意するときによく使います。文頭に Please を入れると丁寧な言い方になります。物音でうるさいときにも使えます。

# Tone it down.
### 音（声）を小さくして。

音量が大きいから抑えてほしいというニュアンスです。楽器やテレビの音などにも使えます。また、色がうるさい場合や落ち着いてほしいときにも使われます。

# Would you mind being quiet?
### 静かにしていただいてもよろしいでしょうか？

丁寧な表現です。

# 4-9
# 相手を急かす

**We're on a tight schedule.**
予定が詰まっています。

**Please hurry.**
急いでください。

遠回し

**We don't have all day.***1
急がないといけません。

**We need to hurry.**
急がないと。

＊1 「1日の時間すべて使ってもいいわけじゃないんだぞ」というニュアンスです。

日本人の感覚からすると、海外の人はとてものんびりしてるように見えるかも。
締切を守ってくれないことも少なくないしね。どうしても急いでほしいときには
こんなフレーズで急かしてみよう。急かしても急いでくれるかどうかは分から
ないけどね…（笑）

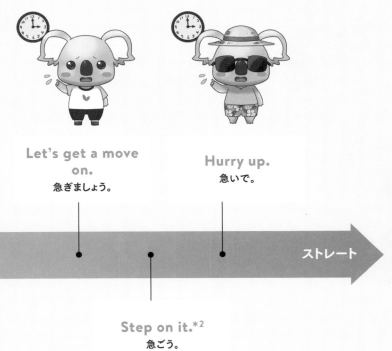

Let's get a move
on.
**急ぎましょう。**

Hurry up.
**急いで。**

ストレート

Step on it.*²
**急ごう。**

*2　特に車に乗っている場合に使われます（「アクセルを踏め」というニュアンス）。

## 4-10
# 許可を求める

**Can I eat this?**
これ食べてもいい?

**Could I eat this?**
これ食べてもいいですか?

タメロ

**Is it okay if I eat this?**
これ食べても大丈夫?

**Do you think I could eat this?**
これを食べてもいいと思いますか?

「〜してもいいですか？」といえば最初に思いつくのが「Can I 〜?」だと思うけど、実はこれは結構フランクな表現。それよりも「May I 〜?」って言うクセをつけておいた方が、どんな場面でも使えるから安全かもね！

I was wondering if I
could **eat this?**
これを食べてもいいでしょうか？

Would you mind if I
**eat this?**＊
これを食べたらご迷惑でしょうか？

丁寧

May I **eat this?**
これを食べてもよろしいで
しょうか？

＊ 他のフレーズと違い、このフレーズに対して「Yes.」と答えると「はい、迷惑です」という意味になるので要注意です。

4
依頼・提案をする

# Let's と Let us の違い

## Let's

### 勧誘を表す「〜しましょう」

〝us〟は聞き手を含む

聞き手　　　　　話し手

us

## Let's climb the tree.

さぁ、木に登ろう。

Let's は Let us の短縮形だよね。でも、短縮形にするかどうかでそのニュアンスは結構変わってくるんだ。ちなみに let は「〜させる」っていう意味だけど、「相手がしたがっていることを許す」っていうニュアンスだから、あわせて覚えておいてね！

# Let us

## 許可を求める「〜させてください」

〝us〟は聞き手を含まない

4
依頼・提案をする

聞き手　　　　　　話し手

us

# Let us climb the tree.

私たちに木に登らせてください。

# 丁寧に依頼するときの
# クッション言葉

本当に迷惑をかけると
思うとき

## I'm sorry to
## trouble you, but...

**お手数をおかけいたしますが、〜**

少し迷惑をかけると
思うとき

## If you don't mind
## my asking,

**もしお願いしてもよろしければ、**

相手の主張に反論したり、相手の申し出を断ったりするときに便利だったクッション言葉。何かを依頼するときに使うことで、丁寧なニュアンスを表現できるよ！118ページの「お願いをする」フレーズとあわせて使ってみてね！

## 心からやってもらいたいと思うとき

# I'd like to ask a small favor.

**ちょっとお願いがあるのですが。**

## やってもらえたら嬉しい気持ちを強調するとき

# It would mean the world to me if you could...

**～していただけると本当に助かります。**

# 日本人が英訳を間違えやすいフレーズ❷

## タクシーを呼んでいただけますか？

❌ **Can you call me taxi?**

私のこと、
タクシーって呼んでね。

⭕ **Can you call me a taxi?**

自己紹介で「Please call me Ken.（僕のこと、ケンって呼んでね）」って言ったりするけど、冠詞の "a" を忘れるとそれと同じように聞こえちゃうよ。

## サイン（署名）をいただけますか。

❌ **Can I have your sign?**

星座を教えてください。

⭕ **Please sign here.**

名詞の sign には「星座」という意味があるから、使い方は要注意。動詞の sign を使えば勘違いされることもなくなるからオススメだよ！

# ちょっと手伝ってもらえますか？

## ✕ Please help me.

お願いだから助けて！

## ◯ Could you give me a hand?

「Please help me.」と直接的な命令文にしちゃうと、少し必死な感じが出ちゃうかも。ちょっと手伝ってほしいときには不向きだから気をつけてね！

# ご返信お待ちしています。

## ✕ I'm waiting for your reply.

返事が遅いです。

## ◯ I look forward to hearing from you.

言い方にもよるけど「I'm waiting for …」は「〜を待ってるんだけど」という少し圧を感じるニュアンスを含むことも。丁寧な表現を使う方が安心だね！

第 **5** 章

# 質問を
# する

英語の疑問文を作るときには語順を変える必要があるよね。これって実は、英語の「言いたいことを最初に言う」っていう決まりが関係してるんだ。例えば「This is a pen.」を疑問文にした「Is this a pen?」という文。この質問で聞きたいのは「ペンなのか、ペンじゃないのか」、つまり「is なのか、is じゃないのか（isn't なのか）」だよね。だから一番強調したい「is」を文頭に出しているんだよ。「what」「when」「where」などを使った疑問文も同じように、「何」「いつ」「どこ」を知りたいから、それを強調するために文の最初に出てきているんだね！

肯定文　This is a pen.

疑問文　Is this a pen?

強調したいこと

# 理由を尋ねる

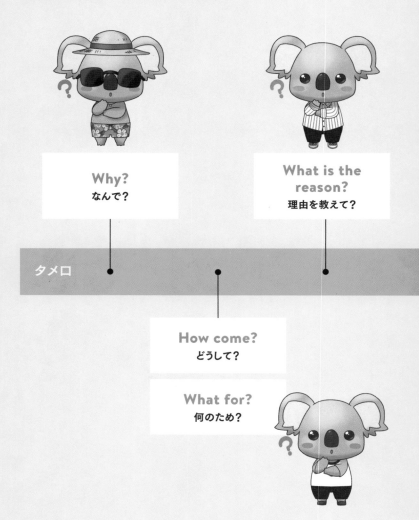

**Why?**
なんで?

**What is the reason?**
理由を教えて?

タメ口

**How come?**
どうして?

**What for?**
何のため?

日本では「言わずとも察する」文化が浸透しているけど、さまざまな文化が入り混じっているアメリカやオーストラリアでは「しっかりと理由を尋ねなさい」という教育が一般的。雑談の中でも理由を何度も尋ねられることがあるはずだよ。

**May I ask you the reason?***
**理由を伺ってもよろしいですか?**

丁寧

**Can you tell me the reason?***
**理由を教えてくれませんか?**

* the reason の代わりに why も使えます。

# 真意を尋ねる

**What's that supposed to mean?**
それってどういう意味？

**I don't understand what you mean.**
あなたが言っていることの意味が分かりません。

タメ口

**What do you mean?**
どういう意味？

相手の言ってる意味が分からなかったとき、164ページのように聞き返しても
う一度言ってもらうこともできるけど、それでも分からなかったらこんなフレー
ズで質問してみるのがオススメ。そうすれば、きっと別の言葉で言い換えても
らえるよ!

**Could you please elaborate
on that?**
**もう少し詳しくご説明いただけませんか?**

丁寧

**Can you expand on that?**
**詳しく教えてもらえませんか?**

# 締切を尋ねる

**When is it due?**[1]
いつまでですか？

**When is the deadline?**[2]
締切はいつですか？

タメ口

[1] この due は形容詞です。
[2] deadline の代わりに due date（締切日）も使えます。

何か依頼されたら、締切をきちんと確認しておく必要があるよね。特に仕事ならなおさらのこと。依頼する側が提示してくれるケースも多いけど、もし何も言われなかったらこんなフレーズで確認してみよう。しっかりした人っていう印象を与えられるかもね！

## When do you need it by?
**いつまでに必要ですか？**

## Could you tell me the deadline?*²
**締切を教えていただけますか？**

丁寧

# 質問があるか尋ねる

**Any questions?**
質問ある?

**Anything else you'd like to know?**
他に知りたいことはある?

タメ口

プレゼンや説明の最後によく使われる定型フレーズがこちら。同僚やクラスメートへのカジュアルなプレゼンなのか、お客様との大事な商談なのか。TPOに応じて、服装を選ぶようにフレーズも選べるようになるとかっこいいね!

**Do you have any questions?**
質問はありますか?

**Feel free to ask any questions.**
お気軽にご質問ください。

丁寧

# 相手の意見を尋ねる

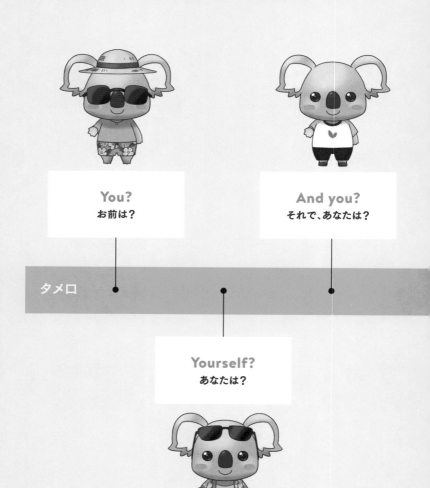

**You?**
お前は？

**And you?**
それで、あなたは？

タメ口

**Yourself?**
あなたは？

何か質問してもらったら、相手にも同じ質問を返してあげると気を遣える印象になるよね。ちなみに「どう思う?」を「How do you think?」って訳しちゃう日本人は多いけど、how を使うと「考える方法や手段」を尋ねてることになるから「頭を使って考えます」みたいな答えが返ってきちゃうかも。だからhow じゃなくて what が正解!

**How about you?**
**あなたはいかがですか?**

丁寧

**What about you?**
**あなたはどうですか?**

**What do you think?**
**あなたはどう思われますか?**

# How aboutとWhat about
# の違い

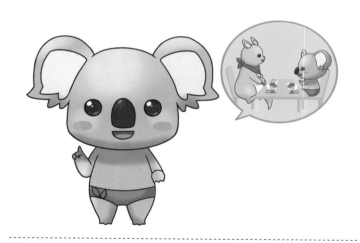

## How about

### 提案や勧誘
「〜はどうですか」「〜をしませんか」

## How about dinner?

晩ごはんはいかがですか?

日本人には区別が難しいのがこの2つ。どっちも同じ質問のような気がしちゃうけど、実は全くの別物。なかなかきちんと使い分けられてる人がいないからこそ、しっかりマスターしておくと一歩リードできるよ！

# What about

## 問題の確認や指摘

「～はどうする？」「～はどうなる？」

## What about dinner?

### 晩ごはんは何を食べましょうか？

# どうしたの？ と尋ねる

## 問題がありそうなとき

### What's wrong?
どうしたの？

## 相手が気にしていることを聞くとき

### What's bothering you?
何が気になるの？

## 軽く声をかけるとき

### What's up?*
どうした？

＊「What's wrong?」ほどネガティブなニュアンスはありません。
　本当に困っている人には「What's wrong?」を使いましょう。

「どうしたの?」ってすごく便利なフレーズだけど、そのまま英訳するのは難しいかも。「よろしく（34ページ）」や「お疲れ様（36ページ）」と同じようにいろんな意味があるから、どんな場面で使いたいのか、何を質問したいのか、その核心をしっかりと考えてから英訳してみてね！

## 今起きていることや状況に対して

### What's happening?
何が起きてるの？

### What's going on?
何が起きてるの？

## すでに起きたことや状況に対して

### What happened?
何が起こったの？

## 少し丁寧に声をかけるとき

### What's the matter?
どうしたんですか？

# 電話の相手を確認する

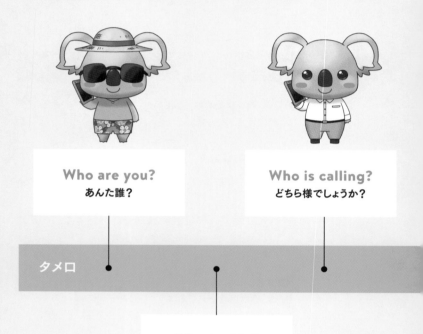

**Who are you?**
あんた誰？

**Who is calling?**
どちら様でしょうか？

タメ口

**Who is this?**
どなたですか？

海外のお客さんとのやりとりがある仕事では、英語の電話がかかってくること
もあるかも。自分で対応するのは難しかったとしても、少なくとも相手の名前
だけは確認しておかないと、上司に取り次ぐこともできないよね。だからこの
フレーズはめちゃくちゃ大事！

**May I ask who is calling?**
**お名前をお伺いしても**
**よろしいでしょうか？**

丁寧

**Who am I speaking to?**
**どちら様でいらっしゃいますか？**

# 日本人が言いがちな
# 失礼な質問

場合によっては
失礼になる尋ね方

## What's your name?
名前なに？

## What's your job?
仕事なに？

## What's your hobby?
趣味なに？

## Why did you come here?
何しに来たの？

## Do you understand?
分かってんの？

ここに並んでるフレーズ、どれも教科書で見たことがあるような気がするけど、実はこのまま使っちゃうと場合によっては失礼にあたることもあるかも。丁寧なフレーズならどんな場面で使っても大丈夫だから、こっちで覚えておこう！

○ より丁寧な
尋ね方

# May I ask your name, please?
**お名前を伺ってもいいですか？**

# What do you do?
**職業は何ですか？**

# What do you do in your free time?
**時間があるときは何をしていますか？**

# What brought you here?
**なぜこちらに来たのですか？**

# Does it make sense?
**分かりますか？**

# 聞き返す

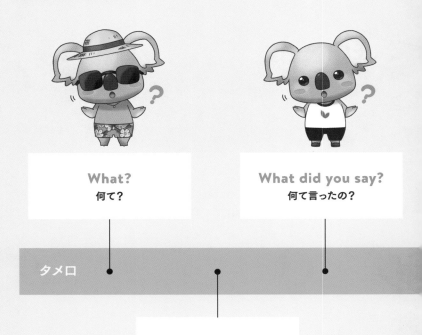

**What?**
何て？

**What did you say?**
何て言ったの？

タメ口

**Come again?**
もう一度言って？

聞き返すフレーズといえば「Pardon me?」だよね。でもこれ、実はアメリカではそこまで使われていないフレーズなんだって。むしろ「"Pardon me?" は日本人からしか聞いたことがない」というアメリカ人もいるみたい。ここで日本人英語から卒業しよう！

## Could you say that again?
**もう一度言っていただけますか？**

丁寧

## Sorry, what was that?
**すみません、何ですか？**

## Could you please repeat that?
**もう一度おっしゃっていただけますか？**

# 日本人が意味を間違えやすいフレーズ❸

## Get the picture?

✖ 写真を手に入れた？

⭕ 分かった？

picture は「絵・写真」と覚えてる人も多いと思うけど、この場合は「全体像」って意味。
「全体像はつかめた？」「状況は把握できた？」というニュアンスのフレーズだよ！

## Do you follow?

✖ ついてくる？

⭕ 分かった？

follow は「ついていく」「後に続く」という意味を覚えていると思うけど、「話など（の進行）
についていっているか」という意味で、理解しているか尋ねるフレーズになるよ！

# Are we square?

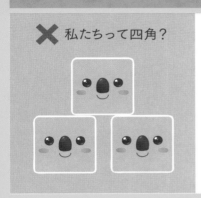

✖ 私たちって四角？

⭕ これで貸し借りなし？

square は形容詞として使われる場合には「公平である」「互角である」「同等である」みたいなニュアンスになるよ！　友達との会話で使えたらかっこいいね！

# What's the big idea?

✖ 何が大きな
アイデア？

⭕ どういうつもり？

big idea は「ばかばかしい大計画」というニュアンスで、皮肉を込めて使われることがあるんだ。そこから転じて「どういうつもり？」って意味になるんだね。

第**6**章

# 答える・反応する

友達と話をするとき、「うんうん」「へぇ～」「なるほどね」みたいな『あいづち』を打つことで「ちゃんと話を聞いてるよ」っていう合図になるよね。でも実はこれ、英語圏では気をつけた方がいいかも。なぜなら、会話の途中であいづちを打ちすぎると「相手の話をさえぎってる」「話に興味がない」と捉えられちゃって、失礼にあたる可能性があるからなんだ。だから英会話では、相手の話が終わるまで待ってから大きめにリアクションすることが大切。フレーズを覚えることももちろん大切だけど、こういう文化の違いを覚えることも重要だよね！

# 相手の意見に賛成する

強

賛成の度合い

弱

**I'm all for it.**
大賛成だよ。

**You can say that again!**
ほんとそれ！

**Tell me about it.**
ほんと、そうだよね。

タメ口

「大賛成！」って言いたいのに、「I agree!!」しか言えなくてもどかしい想い
をしたことがある人もいるはず。そんな君のために、英語のいろんな「賛成」
の表現をまとめてみたよ。賛成の度合いや相手との関係性によって使い分け
てみてね！

## I couldn't agree more.
私は大賛成です。

## I agree with you.
賛成です。

## I second that.
同感です。

## I feel the same way.
同様に感じています。

## I think that works.
私はそれでいいよ。

## That's fine with me.
私はそれで大丈夫です。

丁寧

## 6-2
# 相手の意見に反対する

**I see things differently.**
私の考えは違います。

**I beg to differ.**
同意しかねます。

遠回し

次はもちろん反対の表現。ちなみに、どれだけ話し合っても議論が平行線でどうしても意見が合わないときには「Let's agree to disagree.」というフレーズが便利。「反対に賛成しよう」、つまり「意見が違うことを認め合おう」っていう締めくくりのフレーズだよ!

**Not in my book.**
そうは思わない。

**I'm dead set against it.**
断固反対。

ストレート

# 依頼を了承する

丁寧

### Gladly!
喜んで!

### Of course!
もちろん!

### You got it!
了解!

タメ口

何かをお願いされたとき、「Yes.」「OK.」「No.」くらいしか返せない人も多いんじゃないかな。反射的にいろんなフレーズを使うのはなかなか難しいんだけど、1つずつ使えるフレーズを増やせるように意識して使ってみてね。

## Certainly.
もちろんです。

## Absolutely.
ぜひ。

## No problem.
問題ないよ。

## Anytime!
いつでも!

## For sure.
はーい。

## OK.
いいよ。

# 依頼を断る

ストレート

## Absolutely not.
とんでもない。

**I wouldn't do it if you paid me!**
何があってもやらない！

**I don't feel like it.**
そんな気分ではありません。

遠回し

日本人はお願いを断るとき「ちょっと難しいです」と言いがちだけど、そのつもりで「It's a bit difficult.」って言っちゃうと、「難しいです（でもできます）」って捉えられる可能性があるから要注意。できないことはきちんとできないと伝えることが大切だよ。

## Out of the question.
論外です。

## Not in a million years.
絶対ない。

## My hands are full.
手いっぱいです。

## It's not possible at this time.
今回はできないです。

## I'm afraid that I can't do it.
申し訳ありませんが、それはできません。

## I would love to, but I can't.
やりたいけど、できません。

# 行きたいと伝える

**Let's go camping!**
キャンプ行こうよ！

**Count me in.**
行くよ。

タメ口

**I'm game.**
行くー。

**I'm on board.**
参加するね。

友達からキャンプや食事のお誘いを受けたら、何て答える？　「Yes!!」でももちろん行きたい気持ちは伝わるけど、こんなフレーズを使えたら、行きたい気持ちがもっと相手に伝わるよ！

**I'm in.**
参加します。

**I'd love to.**
喜んで参加させて
ください。

丁寧

**I will definitely
be there.**
絶対に行きます。

# 行けないと伝える

Let's go camping!
キャンプ行こうよ！

**Not this time.**
今回はやめておきます。

タメ口

**I think I'll pass.**
遠慮するね。

**Maybe next time.**
また次の機会に。

行きたくても行けないとき、ぶっきらぼうに「No.」って答えちゃうのも印象が良くない気がするけど、何て言えばいいんだろう…。そんなときに便利なフレーズをまとめてみたよ！

**I wish I could, but I can't.**
参加したかったのですが、
あいにく行けません。

**That sounds great, but I can't.**
素敵なお誘いですが、
行けないのです。

丁寧

**I'm afraid I can't.**
申し訳ありませんが
行けません。

# 欲しい気持ちを伝える

**Do you want this?**
これいりますか？

**Sure, I'll take you up on that.**
もらうよ。

タメ口

**Super! Thanks.**
わーい、ありがと。

**Yes, please.**
お願いします。

何かを勧められたら、欲しい気持ちに加えて嬉しい気持ちも伝えられたら、相手も嬉しい気持ちになるよね。こんなフレーズを使って、心の距離を縮めてみよう！

**Thanks, that'd be great.**
ありがとう、嬉しいな。

**Thank you, that's very kind of you.**
ありがとうございます、なんて優しいのでしょう。

丁寧

**Absolutely, I'd like that.**
もちろんいただきたいです。

## 6-8
# いらない気持ちを伝える

**Do you want this?**
これいりますか？

**No thanks.**
僕はいいや。

タメ口

**Hard pass.**
いらない。

**I'd rather not.**
いらないかな。

海外旅行中にも飛行機やお店でいろんなものを勧められるけど、その全部が必要なわけじゃないよね。お気遣いに感謝の気持ちを示しつつ、丁寧にお断りできたらスマートだよね！

**I'll pass, thanks.**
必要ないよ、ありがとう。

**I'm good, thank you.**
結構です、ありがとう。

丁寧

**No, thank you.**
結構です。

**That's very nice of you, but no thank you.**
とてもありがたいのですが、結構です。

## 6-9
# 何か問題が起きたら

**It's totally fine.**
全然大丈夫です。

**Don't worry.**
気にしないでください。

〈深刻さ〉

弱

**Not a problem.**
問題ないです。

**It's OK.***
大丈夫。

＊ OK の代わりに fine を使っても同じ意味になります。

海外に行くと毎日のように何かしらのトラブルが起こるけど、その深刻度はさまざま。全然大したことない問題なら相手を安心させる一言をかけてあげたいけど、本当に深刻な問題だったらその深刻さをきちんと伝えないといけないね。

**These things happen.**
よくあることですよ。

**This is a problem.**
これは困りました。

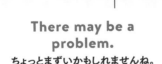

強

**There may be a problem.**
ちょっとまずいかもしれませんね。

**This is a really big problem.**
これはものすごく大きな問題です。

# We'll see と You'll see の違い

## We'll see.
### そのときがくれば分かる。
（今は私もあなたも分からない）

🐨 : **Do you think we can go on a picnic tomorrow?**
明日ピクニックに行けると思う?

🐨 : **We'll see.**
そのときがくれば分かるよ。

see は「見る」という意味が有名だけど、「分かる」っていう意味も持ってるんだ。「I see.（分かった）」って言ったりするもんね。その応用編で、こんなフレーズも覚えておくと便利！　聞き慣れないフレーズかもしれないけど、意外と使えるから覚えておこう！

# You'll see.
## いずれ分かるよ。
（今は私は分かるけど、あなたは分からない）

6
答える・反応する

🦘 : **What are we doing tomorrow?**
明日の私たちの予定は？

🐨 : **You'll see.**
いずれ分かるよ。

主語を I にした「I'll see.」はふつう単独では使いません。「I'll see about it.（確認するよ）」や「I'll see what I can do.（何とかやってみるよ）」のように使います。

# 同意するときのあいづち

## 友達に対して使う

**You betcha!**
その通り！

**Ditto.**
同じく。

**You're right.**
ほんとそれ。

**One hundred percent.**
100パーそう。

**I get it.**
そうだね。

**Works for me.**
それでいいよ。

相手の意見に同意するとき、いつも「I agree.」ばっかり使っちゃってない？
もちろんそれでも伝わるけど、他にもいろんなフレーズを使いこなせるように
なったらカッコいいよね！ ここで覚えちゃおう！

## You said it.
全くその通り。

### 仕事相手に対して使う

## Exactly.
それな。

## Well said.
言えてますね。

## That's it!
それだ！

## That's true.
マジでそれ。

## 6-12
# 驚いたときのあいづち

Is that so?
そうなの？

Are you kidding?
ウソでしょ？

〈驚き〉

弱

No kidding!
冗談でしょ！

みんな知っている「Oh my god!」。実はこのフレーズはあまりよく思わない人も多いんだ。神の名前を軽々しく口にするべきではないという考え方だね。代わりに「Oh my gosh!」なら使っても大丈夫！同じく「What the fuck!」も汚い言葉だから、「What the fudge!」と言い換えよう！

**Are you serious?**
マジで言ってる？

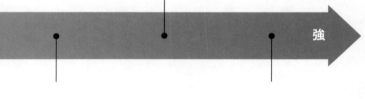

強

**You're kidding.**
ウソだ。

**No way!**
まさか！

# 自信がないときのあいづち

確信度
高め

## Probably.
多分ね。

## Maybe.
かもしれない。

## Hmm.
うーん。

確信度
低め

日本人は「maybe＝多分」って教わるから結構確率が高いときにも maybe
を使っちゃう人が多いけど、maybe は本来「50:50」のときに使うもの。
日本人の「多分」は「Probably.」とか「Most likely.」に近いから気を
つけてね！

## Most likely.

おそらくね。

## That's how it looks.

そうっぽいね。

## Looks like it.

そうみたいね。

## Possibly.

ひょっとしたらね。

## Could be.

かもね。

## Perhaps.

もしかしたらね。

## I guess so.

そうかもね。

## You could say that.

そうかもね。

## I doubt it.

それはないと思う。

**6**
答える・反応する

# It's up to you. と
# It depends on you. の違い

## It's up to you.

### 決定権は「あなた」

あなたが決めていいよ。

決定権

🐨 : Should we go to the party?
　　私たちはパーティーに行った方がいいかなあ？

🐨 : It's up to you.
　　あなたが決めていいよ。

これも日常生活でよく使うフレーズ。全く同じ意味のように見えちゃうけど、実は決定的に違うポイントが「どちらに決定権があるか」。かなり重要なポイントだから、ここを間違えると大きな勘違いになっちゃうかも。意識して使ってみてね！

# It depends on you.

## 決定権は「わたし」

あなた次第で決めるよ。

: **Are you going to the party?**
**パーティーに行く予定ですか？**

: **It depends on you.**
**あなた次第で決めるよ。**
（あなたが行くなら行くし、行かないなら行かないよ）

# 日本人が答えを間違えやすいフレーズ

## Do you know why he quit his job?
### 彼がなぜ仕事を辞めたか知ってる？

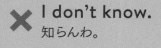

**I don't know.**
知らんわ。

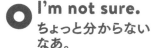

**I'm not sure.**
ちょっと分からない
なあ。

みんなが知ってる「I don't know.」というフレーズ。少し直接的で、ぶっきらぼうに聞こえることもあるかも。「I'm not sure.」の方が丁寧だから、こっちがオススメだよ！

## Nice to meet you.
### お会いできて嬉しいです。

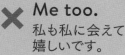

**Me too.**
私も私に会えて
嬉しいです。

**You too.**
私もあなたに会えて
嬉しいです。

「You too.」は、「Nice to meet you too.」の省略形。だから「Me too.」って言っちゃうと、「Nice to meet me too.」の省略形みたいに聞こえちゃうんだ。気をつけてね！

## How was the party?
### パーティーはどうだった？

**✕ It was good!**
まあまあだったよ！

**〇 It was great!**
よかったよ！

good って実は、人によっては「まあまあいい」って聞こえちゃうこともあるんだ。
よかったことを伝えたい場合には、great を使う方が正しいニュアンスになるよ！

## Don't you like kangaroos?
### カンガルーは好きじゃないよね？

**✕ No, I don't.**
うん、好きじゃないね。

**〇 Yes, I do.**
ううん、好きだよ。

「〜じゃないよね？」と聞かれた場合、「はい」と「いいえ」の答え方が日本語と英語では逆になるから要注意。好きな場合は Yes、嫌いな場合は No と答えるのが英語のルール！

6
答える・反応する

# 第 7 章

# 状態を
# 伝える

「動作動詞は進行形にできるけど、状態動詞は進行形にできない」って聞いたことがある人も多いと思うけど、そんなこと言われてもよく分からないって人、いるよね？ そんな人は、進行形の本質が『動作の途中』ってことを意識するといいよ。状態動詞っていうのは like（好む）とか live（住んでいる）とか know（知っている）とかのことだけど、「好んでいる途中」「住んでいる途中」「知っている途中」とかって、なんか変だよね。だから状態動詞は進行形にできないんだ。つまり、「自分の意思ですぐに中断したり再開したりできないものは進行形にはできない」って覚えておくといいね！

201

# 体調不良を伝える

> **I'm not feeling well.**
> 気分が悪い。

> **I'm under the weather.**
> 体調不良だ。

《体調不良》

弱

一口に「体調不良」と言っても「ちょっと気分が悪い」から「今にも倒れそう」まで幅広いよね。どのくらい体調が悪いのかを伝えられるようにしておかないと、大きなトラブルになることも…。ここでしっかり覚えておこう！

**I caught a bad cold.**
ひどい風邪をひいた。

**I'm really sick.**
非常に体調が悪い。

強

## 7-2
# 具体的な症状を伝える

### I feel nauseous.
**吐き気がする。**

### I have a backache.
**腰・背中が痛い。**

### I have diarrhea.
**お腹を下している。**

### I came down with the flu.
**インフルエンザにかかった。**

### I have the chills.
**寒気がする。**

### I have a sore throat.
**のどが痛い。**

海外で体調が悪くなって病院に行って、お医者さんに「How are you?」と
聞かれて「I'm fine thank you, and you?」と答えてしまったという笑い話
があるよ。海外での体調不良はできれば避けたいけど、どこが悪いのかを伝
えられるようになっておくと万が一のときにも安心だね！

## I feel dizzy.
めまいがする。

## I have a stomachache.
お腹が痛い。

## I have a fever.
熱がある。

## I have a headache.
頭が痛い。

## I have a runny nose.
鼻水が出る。

## I have a stuffy nose.
鼻が詰まっている。

**7**

状態を伝える

# 疲れたことを伝える

**I'm tired.**[1]
疲れたなあ。

**I'm run down.**[2]
疲れ切ってる。

〈疲れ〉　弱

**I'm exhausted.**
もうへとへとだよ。

*1 tired は眠さもあり、休息と睡眠が必要な状態です。
*2 run down は疲れているとともに体調の悪さも感じている状態です。

欧米のオフィスでは夕方になると「I need a drink.」っていうフレーズがよく聞こえてくるけど、これは「そろそろお酒が必要」「お酒なしではやってられないほど疲れた」っていう意味。疲れたらお酒を飲みながらパーッとやるのは世界共通なんだね！

**I'm totally beat.**
マジ疲れたわ。

強

**I'm on my last legs.**
マジでもう限界。

**I'm about to pass out.**
もう死にそう。

# 眠さを伝える

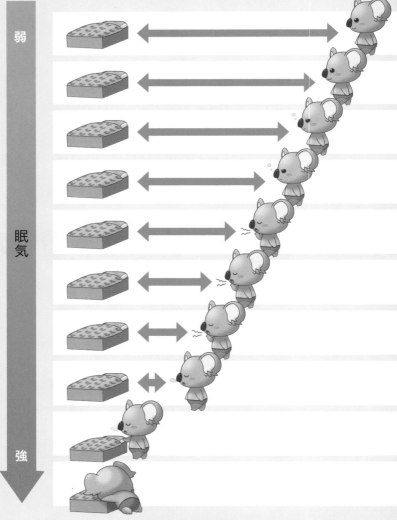

弱

眠気

強

*1 上で説明している通り、やや子どもっぽいフレーズです。

「眠い」と言えば「I'm sleepy.」が思い浮かぶよね。でも実はこのフレーズは子どもっぽい印象で、大人が公の場で使うには不自然。大人が使うには「I'm tired.」の方が一般的だよ。tired は「疲れた」っていう印象が強いけど、「眠い」っていう意味もあるんだね！

| | |
|---|---|
| I'm not tired yet. | まだ眠たくないよ。 |
| I'm a little tired. | ちょっと眠いなあ。 |
| I'm feeling drowsy. | 眠くなってきた。 |
| I'm tired. | 眠いなあ。 |
| I could sleep right now. | 今すぐにでも寝られる。 |
| I'm so sleepy.*1 | すごく眠い。 |
| I wanna go to bed.*2 | 寝たいなあ。 |
| I can hardly keep my eyes open. | 目を開けていられない。 |
| I'm gonna fall asleep.*3 | もう寝ちゃいそう。 |
| I'm dying to go to bed. | 眠くてしょうがない。 |

7

状態を伝える

*2 wanna は want to の略です。 *3 gonna は going to の略です。

# 7-5
# 臆病さを伝える

## He's timid.
彼は臆病だ。

## He's a coward.
彼は臆病者だ。

## He's spineless.
彼は意気地がない。

右ページのスラングのwimpとchickenは虐げや挑発で使われる言葉だから注意してね。

日本語でも臆病者に対して「あいつはチキンだ」とか「チキってる」とか言ったりするけど、実はこの表現は英語の「He's a chicken.」っていうスラングから来ているんだ。このスラングの由来はいろんな説があって、調べてみると面白いよ!

## スラング

# He's a scaredy-cat.

彼は小心者だ。

# He's a softy.

彼は気が弱い。

# He's a wimp.

彼は弱虫だ。

# He's a chicken.

彼はチキンだ。

7

状態を伝える

# 7-6
# 生意気さを伝える

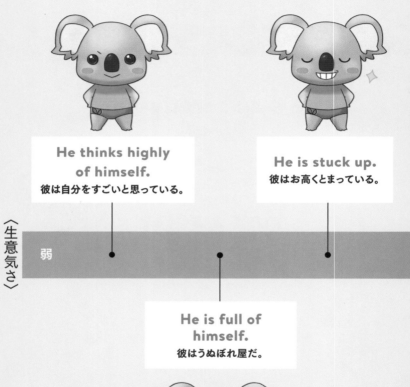

**He thinks highly of himself.**
彼は自分をすごいと思っている。

**He is stuck up.**
彼はお高くとまっている。

〈生意気さ〉

弱

**He is full of himself.**
彼はうぬぼれ屋だ。

どこに行っても生意気で鼻につく人っているよね。そんな人を表すには、こんなフレーズを使ってみよう。そしてみんなは周りからこう思われないように気をつけよう。海外に出たら、君の印象が日本人全体の印象になるからね！　海外では君は日本代表だよ！

**He is on an ego trip.**
**彼は自己中心的だ。**

強

**He is a smart aleck.***
**彼は知ったかぶりだ。**

＊「He is a smart alec.」とも言います。

# かしこさを伝える

〈かしこさ〉

弱

**He is smart.**
彼は頭がいい。

**He is one smart cookie.**
彼は賢い。

**He is sharp.**
彼は頭がキレる。

ここで1つ嬉しいニュース。「自分は頭が悪いから英語は話せない」って思ってる人もいるかもしれないけど、頭の良さと英語ができるかどうかは関係ないよ! もし関係があるとしたら、アメリカ人やオーストラリア人は全員 rocket scientist だよね。大丈夫、君にもできるよ。

強

He is very
bright.
彼はマジで頭がいい。

He is a genius.
彼は天才だ。

He is a rocket
scientist.
彼はマジで天才だ。

# 仲の良さを伝える

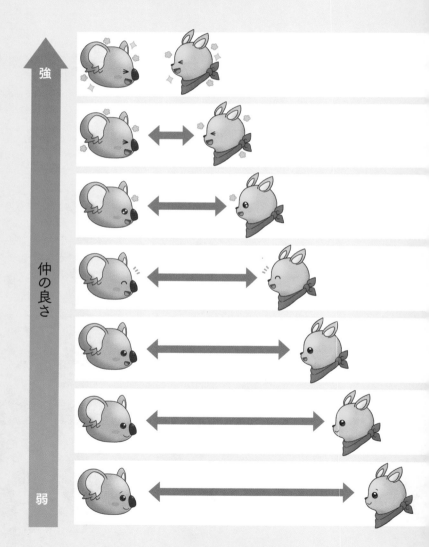

強

仲の良さ

弱

留学中に一生モノの友達ができることも珍しくない。せっかくの海外生活、
英語を学ぶだけじゃなくて、世界中にたくさんの友達を作ってみたいよね。
固い絆で結ばれた友達が見つかるように、英語の勉強、頑張ろうね！

**They're joined at the hip.**　　彼らはいつも一緒だ。

**They're as thick as thieves.**　　彼らはマブダチだ。

**They're tight knit.** *¹　　彼らは固い絆で結ばれている。

**They get along well.**　　彼らは気が合う。

**They're very close.**　　彼らはとても仲良しだ。

**They're on the same wavelength.**　　彼らは波長が合う。

**They're on great terms.** *²　　彼らは仲が良い。

＊1　knit を入れずに、They're tight. とも言います。
＊2　今は仲がいいけれど一時期は仲が悪かったニュアンスが含まれます。

# 仲の悪さを伝える

弱

仲の悪さ

強

仲の良い友達がいれば、どうしても仲良くできない人がいるのも仕方ない。
最初から拒絶せずに歩み寄ってみることも大事かもしれないけど、どうしても
無理なら距離を置いて無駄なストレスを溜め込まないのが一番！自分を大切
にしよう！

**They're not that close.**　　彼らはそんなに親しくない。

**They're on different wavelengths.**　　彼らは波長が合わない。

**They don't get along at all.**　　彼らは全然仲良くない。

**They're like oil and water.**　　彼らは水と油だよ。

**They always butt heads.**　　彼らはいつも口論をする。

**They're always at each other's throats.**　　彼らはいつもいがみ合っている。

**They can't stand each other.**　　彼らは犬猿の仲だ。

**They hate each other's guts.**　　彼らはものすごく仲が悪い。

**7**

状態を伝える

# 7-10
# 貧しさ・リッチさを伝える

He is down-and-out.
彼はすべてを失った。

He is broke.
彼は金欠だ。

お金がない

He is dirt poor.
彼は貧窮している。

He is hard up.
彼はあまりお金がない。

誰もが夢見るお金持ち。海外では、日本では考えられないようなレベルの大富豪に出会うことがあるよ。お城のような豪邸に住んでいたり、プライベートジェットをいくつも持っていたり、ペットに虎を飼っていたり。いつかそんな生活してみたいなあ。

**He makes ends meet.**
彼は収入内でやりくりしている。

**He is well-off.**
彼は裕福だ。

お金がある

**He earns a good living.**
彼は稼ぎが良い。

**He is filthy rich.**
彼は大金持ちだ。

7

状態を伝える

# 7-11
# 容姿の美しさを伝える

強

容姿のよさ

**He/She is a complete knockout.**[1]
**最高に魅力的だ。**

**He/She is good-looking.**
**顔立ちがよい。**

**He/She is adorable.**[3]
**とてもかわいい。**

弱

＊1　ノックアウトされるほど美しいという意味です。
＊2　stunning の代わりに amazing も使えますが、stunning の方がより強い
　　意味合いを持ちます。

日本国内ではもちろん、海外でも外見に関する話題は要注意。褒めるつもりで「目が大きいね」「痩せたね」とか言ったつもりでも、美的感覚が日本人とは違うから褒め言葉になっていない可能性も。時には相手を不快にさせちゃうかも…。どうしても外見について触れたいなら、このページにあるような抽象的な表現にとどめよう。

**He/She looks stunning.**[2]
すばらしい。

**He/She is drop-dead gorgeous.**
信じられないくらい美しい。

**He/She is a sight for sore eyes.**
とても美しい。

**He/She is hot.**
イケメン（セクシー、色っぽい人）。

**He/She is cute.**[3]
かっこいい。／かわいい。

**He is a hunk.**[4]
「男」って感じ。

*3　どちらも男性にも使えます。
*4　男性にしか使わない表現です。男らしいというニュアンスです。

# 酔っていることを伝える

**I'm buzzed.**
ちょっと酔っている。

**I'm drunk.**
酔っている。

ほろ酔い

**I'm a little tipsy.**
ちょっと酔っている。

**I'm very drunk.***
だいぶ酔っている。

\* very の代わりに extremely も使えます。

お酒はとても有効なコミュニケーションツールで、一緒にお酒を飲むと一気に仲良くなれることもあるよね！ でも、思わぬトラブルに巻き込まれることもあるから、特に海外では飲み過ぎには注意。あと、野外での飲酒が違法な国や地域もあるから気をつけてね。

**I'm wasted.**
とても酔っている。

**I got plastered.**
ひどく酔っている。

泥酔

**I'm hammered.**
かなり酔っている。

**I passed out from drinking too much alcohol.**
お酒を飲み過ぎて意識を失った。

# 努力していることを伝える

〈努力〉

弱

**I'm pulling my own weight.**
（グループや団体の中で）自分が
やるべきことをしている。

**I'm giving my blood, sweat, and tears.\***
血のにじむような努力をしている。

\*日常会話ではあまり使わない表現です。

そろそろこの本も終わりに近づいてきたね。ここまで頑張って読んでくれたみんな、本当にすばらしい！ なかなか英語が身に付かなくて不安になることもあると思うけど、コツコツ努力してる人は絶対に大丈夫。その努力は、いつかどこかで必ず実を結ぶよ！

強

7

状態を伝える

**I'm giving 110%.**
110％頑張っている。

**I'm giving it my all.**
それにすべてを捧げている。

## 7-14

# 一生懸命働いていることを伝える

〈働き〉　弱

**I'm working really hard.**

一生懸命働いている。

**I'm working like a dog.**

休む間もなく働いている。

228